茑屋
经营哲学

茑屋书店创始人增田宗昭
只对员工传授的
商业思考和工作心法

[日] 增田宗昭
(Masuda Muneaki) 著

袁小雅 译

中信出版集团 · 北京

图书在版编目（CIP）数据

茑屋经营哲学：茑屋书店创始人增田宗昭只对员工传授的商业思考和工作心法 /（日）增田宗昭著；袁小雅译 . -- 北京：中信出版社，2018.12（2025.5 重印）
ISBN 978-7-5086-9355-2

I. ①茑⋯ II. ①增⋯ ②袁⋯ III. ①零售商店－商业经营－经验－日本 IV . ① F733.134.2

中国版本图书馆 CIP 数据核字（2018）第 186468 号

茑屋经营哲学——茑屋书店创始人增田宗昭只对员工传授的商业思考和工作心法

著　　者：[日] 增田宗昭
译　　者：袁小雅
出版发行：中信出版集团股份有限公司
（北京市朝阳区东三环北路 27 号嘉铭中心　邮编　100020）
承 印 者：北京盛通印刷股份有限公司

开　　本：880mm×1230mm　1/32　　印　　张：11　　字　　数：243 千字
版　　次：2018 年 12 月第 1 版　　印　　次：2025年 5 月第 23次印刷
京权图字：01–2018–5966
书　　号：ISBN 978–7–5086–9355–2
定　　价：68.00 元

目　录

第三章　企划

第四章　价值观

第五章　心象风光

前 言

2007 年 2 月起，我开始为文化便利俱乐部（Culture Convenience Club，简称 CCC）集团的员工写博客。因为我想直接告诉他们 CCC 的理想是什么，希望他们重视的价值观是什么。

这本书，是从我 10 年内所写的近 1500 篇博客中挑选而出的。其中介绍的小故事、出场人物的职位都与原稿中的内容一模一样。因为是公司内部博客，所以文中会频繁出现一些 CCC 专用词汇的缩略语，这些词语也原封不动地在本书中保留了下来。想必文中存在不少不当发言、错认事实、记错等情况，所以我已经做好了接受大家意见和批评的心理准备。可能会因此给很多朋友带来麻烦，请大家见谅。

增田宗昭

第一章 经营哲学

LOFT 的起点

这是 1982 年茑屋书店前身“LOFT”开业时所在的枚方车站前的百货商场

提起如今的茑屋书店，想必很多人都以为 1983 年 3 月开业的枚方店是第一家店。其实，早在前一年的 1982 年 3 月，唱片租赁店“LOFT”（涩谷、梅田等地的 LOFT 开业于 1987 年）便已在枚方市车站北出口的一家老百货商场五楼开业了。

读大学时，我玩起了乐队（模仿彼得、保罗和玛丽的民谣三重唱乐队），所以对于音乐，我比普通人更为了解。同时，我很喜欢大学社团的氛围，从那时起我便暗下决心，如果有朝一日自己开了公司或店铺，一定要把它打造成一个拥有大学社团氛围的集体。

关于唱片租赁这一新业态，其实早在我开 LOFT 的几年前，东京三鹰市便已经有了“黎光堂”。LOFT 开业时，拥有 300 家连锁店的大型连锁唱片租赁公司“友 & 爱”也已经登场了。

在同志社香里学校的同窗会上进行分组讨论时，大家熟知的爱贝克思（avex）公司社长松浦胜人先生告诉我，他上学时曾在“友 & 爱”茅崎店担任过店长。他说，每当站在唱片租赁店的柜台前，他都会细心观察客人走到了哪位歌手的唱片前，租了哪张唱片，没租哪张唱片。经过这番细心观察，他得出了一个结论，于是将西洋音乐 CD（激光唱盘）合辑作为爱贝克思创业的起点。

后来，与我居住的枚方市相邻的寝屋川市，也开了一家名为“LB bank”的唱片租赁店，听闻此信后，我立刻来到该店进行了调查。结果发现，这是一种回报率超高的商业模式，而且投入的成本很低。我觉得自己也可以做，便立即开始寻找开店地点。

因为当时枚方市还没有唱片租赁店，所以我坚信，只要开在车站附近这样交通便捷的地方，哪怕不是在一楼（LOFT 在五楼开业），也一定会有顾客来的。因为对于喜爱音乐的人而言，仅用 300 日元就能租到价值 2800 日元的唱片实在太有诱惑力了。

可是，我在车站前的百货商场找到的空铺位于五楼。五楼为餐饮楼层，所以当我向商场老板提出开一家唱片租赁店的想法时，他以这里只能租给餐饮店为由拒绝了我。

不肯轻易放弃的我开始琢磨有没有其他可行办法。最后，我想到了一个两全之策——开一家与餐饮结合的店铺。终于，我的提议获得了百货商场老板的认可。

与餐饮相结合，也就是打造一处既可享受音乐又可以优雅地品茶就餐的地方。于是，我决定加盟东京一家名为“DELHI”的正宗印度咖喱连锁店。就这样，唱片租赁与咖喱咖啡店（咖啡书店的前身）开业了。

开业之初，由于我没有任何经营餐饮店的经验，所以只好把厨房交给母亲和姐姐打理。而在唱片租赁业务方面，我挖来了我在铃屋株式会社工作时的部下担任店长。

增田的母亲（左）和姐姐（右）

不出所料，开业当天，大批顾客涌入，平日里不怎么工作的直梯的引擎都烧坏了，电梯停运，给其他租户添了不小的麻烦。即使这样，顾客们也纷纷爬楼梯来到五楼，店铺内如同早晚高峰期的公交车般拥挤，为了安全起见，我们于当天实施了限流措施。

今天，我与经管会的成员就中期经营计划在酒店里足足谈了一整天，这让我不禁回想起创业之初的点点滴滴，故记此留念。

2007 年 10 月 ×× 日

首家茑屋书店的
铺位开发和书籍筹备

唱片租赁店 LOFT 在开业首日便导致百货商场的直梯引擎出了故障，收获了出人意料的开门红。可是我根本无暇沉浸于喜悦之中，反而愈发担心了起来——如果车站另一侧的一楼开了一家更大规模的店铺，一定会抢走大批客人，这对身负债务的我们一家来说可是灭顶之灾。

于是，我立刻开始在枚方市车站另一侧的一楼寻找铺位。碰巧，某证券公司的枚方分店要搬迁，打出了招租广告。可是，证券公司支付的租金相当高昂，远远超出了我的预算。不肯轻言放弃的我，几乎日日都去拜访房东，终于功夫不负有心人，因为同为枚方市市民的原因，房东给我降了租金。

当时，枚方市车站附近还没有营业至深夜的书店，所以我计划在此开一家书籍售卖兼唱片租赁的店铺。

这家店的第一任店长伊藤——日本软件服务株式会社（现 MPD 株式会社）首任社长，是我在铃屋株式会社工作时的部下，因为他曾对我说很想开书店，所以与我一起离开了铃屋，成了茑屋书店的第一任店长。

按照当时的商业惯例，不通过代理机构是采购不到书籍的，所以我拜托一位在京都开书店的同志社香里高中的校友给我介绍了一家大型代理机构。可是，临近开业之前，该代理机构依然以缺乏经营书店的经验、尚未开展业务、财务状况欠佳等为由，拒绝向我供货。正当我苦恼不堪之时，突然在报纸上看到了一则某书店招募特许连锁加盟店的广告，于是我立刻来到了该书店位于西中岛南边一幢大楼的总部，虽然有点晕头转向，但我也顾不上那么多了，成功完成了特许连锁加盟。

2007 年 11 月 ×× 日

TSUTAYA
Culture Convenience Club
2F

餃子の王将
2F 40席
お座敷·テーブル席
御利用下さい
餃子の王将
餃子の王将

理解顾客心情的方法

我最近常常思考的是“顾客中心论”“如何成为一个最了解顾客的人”等。

无论是开店，还是通过T积分[①]促进销售，其实，成功的方法都很简单。

只要我们能向顾客提交一份他“想要”的方案，那么签约便是水到渠成的事情。

只要能找出答案，企划方案便可百发百中。可是，很多时候，大家并没有想要寻找“答案”。

在生意场上，找出“答案”的方法其实很简单。那就是站在顾客的角度思考问题，或是以顾客的心情思考问题。

为了能理解顾客的心情，从顾客的角度思考更为有效的企划方案，我曾多次以顾客的身份观察店铺。即使在同一家店铺，我也会细心体会顾客在早上、中午、晚上的不同心情。

开代官山店的时候，我一直在ASO餐厅观察来来往往的人流，无论是休息日、下雨天、炎炎酷暑，还是早晨、中午、傍晚。

为了准确把握上班族客人的心情，我多次来往于车站与店铺之间，细心体会。

遇上大热天，我专门把车停在路边，坐在发烫的座椅上，心想若有一片阴凉之处让我避暑就好了。

在惠比寿花园广场、六本木之丘开店时，为了让企划部负责人更了解当地的实际生活感受，我特意让他们搬到那附近住。

---

① T积分：CCC集团推出的一种跨业种通用积分服务。——编者注

如此一来，便可以切身体会客人的心情，找到答案，真诚地提供答案，顾客自然就来了。

这是任何人都可以轻而易举做到的，可是真正去做的人却少之又少。

2013 年 8 月 ×× 日

成长的本质

昔日令我崇拜的优秀人士，最近再见时，已变成普普通通的大叔。而昔日刚刚进入 CCC 的年轻员工，如今却已摇身变为拥有几百名员工的公司老板。

所谓成长的本质，拥有多少才能固然重要，但我认为，所处的环境、当事人的想法和决心也是非常重要的。

你以为自己很努力，觉得大家都只是在工作而已，可是多年以后，你却发现自己早已被别人远远地甩在了身后。

我刚刚步入社会开始工作时，公司突然委托我负责购物中心的停车场设计。因为公司当时并没有停车场设计方面的专家，所以我只好拿着秒表把东京都内的停车场调查了个遍。

不仅如此，为了让购物中心赢利，我计算出每日最低销售额，预测出驾车而来的顾客的客单价，依据符合乘车人数的停车时间，以及每小时接待的汽车数量，精心计算出了所需转台数量及车位数量。

一年后，公司又让我负责轻井泽购物中心项目的策划。虽然我没有房产合同、建筑方面的专业知识，也没有制作项目计划书所必需的投资、财务方面的基础知识，但我还是义无反顾地做了。

虽然我不懂这些基础知识，但我知道，如果没有店铺愿意进来，购物中心就无从谈起。所以，打造购物中心时不但要从店铺角度出发，模拟出店铺进场后究竟是赚钱还是赔钱，还要从确保自身得以正常运转的角度出发，拟定出一个对彼此都合适的租赁条件。我还考虑到，实现店铺赢利，若达不到一定的客流量是无从谈起的，所以，需要从顾客的角度思考具有吸引力的店铺组合，做成项目计划书进行招商。这些全都是我从未经历过且超出我能力范围的工作。

结果，不断挑战不擅长之事的人，随着时间的累积，成了会做很多事的人。而那些一门心思只做自己擅长之事的人，却难以在时间的流逝中不断开疆拓土。

我认为，个人的成长与公司的成长无关，而与其是否愿意不断挑战不擅长之事，以及其所下决心的大小有关。

当然，挑战不擅长之事，会出现类似于我做卫星直播电视那样的失败。失败虽然会造成钱财上的损失，但也会带来经验和人脉。这其实也是一种成长。

经营乃对失败的宽容，我曾在《情报乐园会社》一书中如是说道。

当时我是这么写的：若经营的本质，是企业、个人之成长的话，那么从挑战不擅长之事后依然可以存活下来这一层面来看，经营乃对失败的宽容。

那年，我开始写从未写过的博客，一写便写了 6 年。那年，我开始跑从未跑过的马拉松，一跑便跑了 5 年。

2013 年 10 月 ×× 日

第一家茑屋书店的回忆

1983 年时的第一家茑屋书店

31 年前的 3 月 24 日早晨 7 点，是开创茑屋书店的瞬间。

我怀着紧张的心情，打开了店门。

因为是刚开的第一家店，虽然名为茑屋书店，却并未筹集到足够可供售卖的商品。

当时用于租赁的唱片主要是黑胶唱片，因为碰巧赶上某唱片公司起诉某大型唱片租赁店，所以批发商不愿意批发唱片给我们，唱片店也不愿卖唱片给我们，而日本当时还没有能够生产录像带的企业。至于最最重要的书，我们倒是从半年前就开始和某大型书籍代理公司交涉了，可是到了临近开业的时候，他们却突然说不与我们合作了。于是，我以为如今与我们合作的日本出版贩卖株式会社（以下简称“日贩”）也会因为同样的原因拒绝我们，所以我们加盟了大阪屋书店的特许连锁经营业务，以加盟店的形式开业了。就这样，没有书店从业经验的伊藤和我，一边惊讶于各种书籍销售常识，一边为开业做准备。

临时工也是从先于茑屋书店开业的唱片租赁与咖喱咖啡店“LOFT”中找来帮忙的。直到开业当天的凌晨 2 点左右，我们才完成了开业准备。

我回家洗了个澡，凌晨 5 点便又回到店里，和伊藤一起等待 7 点开业。

店铺附近有一所因橄榄球而出名的启光学园，上学途中的高中生走进店内一看，不禁发出了“哇”的声音。那一瞬间，让我相信这家店的生意一定会越来越好。

站在收银台前忙忙碌碌，很快就到了中午。午休时间，店里来了许多在附近工作的白领。下午，许多来附近百货商场购物的顾客、行人也被吸引了过来。傍晚，放学后的高中生们蜂拥而至，不时有下班途中的白领拐进来转转。

日暮时分，店内挤满了顾客，当我再看表时，已经到了打烊时间——夜里 11 点。因为房租较高，所以我们希望通过延长营业时间来减轻房租压力，于是效仿 7–11 便利店，将营业时间定为了早 7 点至晚 11 点。

打烊后，我和伊藤一起算了下当天的营业额，不禁大吃一惊。因为我们二人都是第一次做关店和收银结算的工作，所以花了很长时间，完工时已经到了早上。

从早站到晚，感觉一天转瞬即逝，像做梦一样。虽然迷迷糊糊的，但这却是令我放松的一天。

虽然我们什么都没有，但是我们有一个大大的梦想。这是令人无比怀念的青春首页。

2014 年 3 月 ×× 日

他人评价与自我评价

最近，我依然要频繁地与各类公司的经营者们见面，我渐渐发现，活跃在商界的经营者们仿佛都有一个共同点。他们中的多数人，不会去实践他人（包括顾客）所想之事，而是去实践自己所想、自己认为正确的事情。

他们不对周围的事物东张西望，只专心地寻找令自己感动的事情，找到以后，周围的人却常常劝说“算了吧”。所以，他们往往不大关心周围人认可的事情，而是将精力放在自己认为可干的事情上。开代官山店，并不是因为周围人劝我做，而是因为我想做，我想打造出一个能让我兴奋且感觉舒服的地方。

我认为，宇宙分为两种，一种是位于外部的宇宙，一种是自己内心的宇宙。在今后的时代，内心的宇宙会变得更为重要。

我认为，在不断发生变革的新时代，产生于历史长河中的事物、常识，会不断被勇于展望新世界之人所创造的新事物、新常识取代，就像普通手机被智能手机取代一样。

我想把自己心中的想法，转化为更加清晰的现实。

2014 年 3 月 ×× 日

“第二家店必败”和代官山店

作为加盟店，第一家茑屋书店的成功概率是比较高的。可是，第二家店往往比较容易失败。直营店也是如此。

因为开第一家店时，人们容易信心不足，所以会谦虚地从各个角度制订周密计划。可是，一旦有了第一家店的成功体验，人们就很容易有“只要照着首家店的方法去做，那么第二家店也会成功”的错觉。

T-SITE 也是如此，因为这是在代官山的初次尝试，所以我们从各种角度反复构思和策划。

事情开始于我看到了一张说明日本人口集聚的历史与未来变化的图表。图表说明的重点是，日本将变成一个年轻人越来越少，60 岁以上老年人越来越多的国家。在少子老龄化不断加速发展的过程中，如果不能吸引 60 岁以上顾客至店的话，那么客流量势必会越来越小。抱着这样的危机感，我们决定在代官山开一家对老年人有吸引力的茑屋书店。

为了吸引顾客来到地段不好（专门选了一个颇具挑战性的地段）的地方，我们必须打造一座像美术馆一样的“标志性建筑”。于是，我们策划了一场创业以来从未尝试过的“建筑设计大赛”，让设计师事务所的杰出设计师们进行了精心设计。结果，我们如愿建成了一座漂亮的建筑，并渐渐成为代官山的知名去处。

此外，作为供大家选择生活风格之处的茑屋书店，为了加强对顾客生活进行提案的能力，我们尝试按照生活类型划分书籍类型，丰富外文书、二手书品种，实现了令老年顾客满意的具有层次感的品类呈现。

考虑到最具生活提案力的出版物是杂志，所以我们打造了一个

“世界第一”的杂志卖场。

话说回来，作为一家旨在为老年人服务的茑屋书店，最重要的还是老年人关心的问题，于是我们深度挖掘“健康”主题，打造了日本最全的烹饪（医食同源）书籍卖场。

此外，考虑到老年人比起活法更在意“死亡”的问题，所以我们还专门设置了宗教、哲学及讲述不同人活法的传记等类型书籍的专区。

为了让 60 岁以上的人为时不长的余生能够活得快乐充实些，我们还特意准备了关于旅行、住宅、汽车等方面的书籍。

因为公司欠缺实现这些目标所必需的人才，所以我们特意请来优秀文案写作者撰文，在报纸上打广告，成功成立了“礼宾部”。

老年顾客喜欢早起，所以我们将书店与咖啡厅的营业时间定为早 7 点起。

老年人的孩子们多已结婚成家，为了减轻他们的孤单感，我们专门引入了带宠物医院的宠物店。

此外，为了照顾腿脚不便的老年人，我们还打造了售卖电动助力自行车的专卖店 Motovelo，以便他们轻松出行。顺道提一句，Motovelo 这一店名，是给荒井由实①起昵称 Yuming 的制片人起的。

为了让老年女性活得更加美丽，我们在店内开了美容院。

为了方便有钱的老年顾客给儿孙买礼物，我们引入了国外环保

---

① 荒井由实：生于 1954 年，日本著名歌手、作词家、作曲家，被誉为“现代女性代言人”和“新音乐女王”。——编者注

玩具专卖店。

为了方便喜欢摄影的老年人，我们还设置了相机专卖店。

不仅如此，考虑到随着年龄的增长，无法开车而乘坐出租车的老年顾客会越来越多，为了便于他们来时下车、去时乘车，我们专门设置了出租车专区。

此外，为了便于喝酒的顾客了解出租车是否已在乘车专区等候，我们还专门在 Anjin 咖啡厅设置了通知系统。

结果，那些帅气时髦的老年人把这里当作“自己的店铺”来使用。

另一方面，因为代官山周边有许多独立的创意工作室，为了便于他们搜集企划所需的杂志、书籍、电影、音乐或是生活类杂志等档案素材，我们还专门设置了集合这些旧书等的沙龙。为了便于这些创意工作者使用，我们将闭店时间定为凌晨两点，还允许他们把书带到星巴克，一边读书，一边工作。

为了把 4000 坪[1]的整个设施打造成“创意工作者的办公室”，我们还开设了便于大家沟通交流的餐厅。

结果，T-SITE 的所有角落都成了创意工作者们使用苹果电脑工作的地方。

为了便于当地创意工作者们的生活和工作，我们还引入了 24 小时营业的便利店。

---

① 坪：源于日本传统计量系统尺贯法的面积单位，主要用于计算房屋、建筑用地之面积。1 坪约等于 3.3057 平方米。4000 坪约合 13223 平方米。——译者注

在空间设计方面，我们有意回避当今时代店铺过剩之感，摒弃了一切店铺要素，打造了一个以“家”为概念的舒适生活空间。

为了弱化店铺内分类促销广告及导视指引的存在感，我们特意使用了金属冲压的方法。

与此同时，我们还要求租户尽量不设店铺招牌，不打广告，将一切控制在最低限。

为了让顾客成为其他顾客眼中的“风景”，我们特意在如何吸引优质客户方面下了很大功夫。首先，我们并未通知顾客何时开店，这么做，是为了只让能成为风景的顾客至店。

代官山附近坐落了许多使馆，是外国人居住较为密集的区域。为了吸引帅气、美丽的外国人进店，我们专门将店内所有文字都用日文、英文、中文三种语言来表示。

为了真正呈现出有外国人存在的画面感，我们特意在开业之前的预展会上，从模特俱乐部请来了许多外国美女，打造了一道亮丽的风景线。

开业以后，虽然没有邀请来的漂亮模特，但有了许多主动前来的外国顾客。其主要原因在于，店内西餐厅的主厨是外国人。现在依然有许多外国客人到那里就餐，就餐之余，他们会在书店里转转，自然也就形成了一道亮丽的风景线。

在员工制服方面，为了让至店的顾客看起来更美丽，也为了让任何员工穿上都能展现良好的姿态，我们选择了能够凸显顾客的黑白色制服，演绎出整洁感。

在空间设计方面，以不会蜂拥而至大量顾客为前提，我们委托设

计师设计一种即使一个人也能够舒服停留的空间，于是设计师按照单人尺寸打造了小房间式的卖场。

我们怀着绝对没人会来的想法打造代官山店。我们贯彻落实各项市场调查，从多个角度寻找恰当的理念，精心打造让每一个顾客都倍感舒服的空间。

明明付出了那么多努力，可是，当我亲眼看到顾客进店时，却将所有的努力付出瞬间忘得干干净净。当一个人不断成功时，容易让他人产生做同样的事很简单的错觉。但事实上，这明明是做了两次也依然超级有难度的工作……

2014 年 6 月 ×× 日

Union

中期计划的谎言

今天早上 8 点 15 分要召开 CCC 的总部会议，之后是集团公司会议，下午还要外出与合作公司谈事。

因为离开公司很长一段时间了，与董事长办公室及相关公司的碰头会、因 T 积分合作方本周即将到访而召开的预备会等工作，全然不给我喘息的机会，在我刚回国第一天便蜂拥而至。

最近，我一直在如此繁忙的节奏中思考一件事情——必须要制订中期计划了！虽然很多公司制订的中期计划都仅有数字，但是我对此总是深感压力。

之所以如此，是因为就算目前了解的事情能够用清晰的数字表示出来，但发生于未来而如今又看不见的变化、新产生的机遇、完成某事的坚定信念等，都会使数值（结果）发生很大变化。

自创业以来，我一直在不停思考“想成为什么样”，以及为了在竞争中取胜“要努力做到什么程度”，并以此制定了目标。

但是，为了实现目标而必须经历的过程，我其实一直是看不见的。所以，制订完中期计划后，我每天都要思考，如何做才能实现这一数字。

“无执着之事，指出问题；有执着之事，议论可能。”大概就是此意。

话说回来，预先规定好的事情既非工作，也非人生，我更愿意快乐地设计自己的人生与未来。

思考自己想做什么，然后迎难而上，让自己在残酷的竞争中存活下来，为了自己想做的事不断努力。中期计划也是如此，如果领头人不是怀着这样的信念来制订，员工们就提不起干劲，公司也根本无法实现多么显著的发展。

随着集团规模的发展，我不断将权限下放给团队领导，也是希望他们能够成为那样的领头人。

多多描绘梦想吧！

因为在我看来，决定公司规模大小的，只有每一位员工梦想的总和。

2014 年 6 月 ×× 日

Esquire

所谓赚钱的工作

我的同年级同学里，有一位非常有钱的少爷。

他的父母在祖辈留下来的土地上盖了高级公寓、商铺，这使他每个月都能获得稳定的收入。也正因为如此，大学毕业至今，他从来没有工作过。他每天不是打高尔夫球，就是出去旅游，要么就是被邀请担任地方官员，抑或是为经济团体活动献财献力。

别看他现在这个样子，他曾经也想过创业，而且尝试了好几次，只是都失败了。失败的原因不在于人不好，而是他连市场的基本常识都不了解，制作不出合理的投资企划方案。

可是，因为周围的人都知道他很有钱，尤其有很多产业，所以有很多想挣钱的人，都会找到他这里来。比如，有人会因为想做一个新项目而请他投资，有人会因为项目运转不错但缺乏资金而向他借钱，还有人想请他接盘已经过时的老餐厅……就这样，他游手好闲地挥霍着先辈留下来的财产。

挣钱这件事，并非想想就能实现，只有策划出具有社会意义的顾客价值，并且能够以恰当的成本实现，才能获得利润。

生意，是建立在各种利益关系之上的：与顾客因“价格”而建立，与供货商因“交易条件”而建立，与员工因“工资”而建立，与股东因“分红”而建立。

如果一味“迎合”这些相关者，比如以低于成本价的价格将商品卖给顾客，给员工支付不合理的高工资，以难以想象的交易条件进货，为了让股东高兴而超出承受能力地大量分红，公司很快就会破产。

因此，只有企划出即使价格略高顾客也依然想买的顾客价值，建立一个让员工不考虑工资也依然渴望在此工作的公司，提供一份令员工满意的工作，获得供货商的信任，让其对未来事业的发展充满期待，以一个双方都认可的供货条件进行交易，努力打造一个即使获得少量分红股东也依然愿意投资的具有未来价值的公司，公司才会赚钱，员工才能成长，客户也才能实现共同发展。

所以，所谓“赚钱的事业”，根本是不存在的。

赚钱，是不断努力的结果，并不是原因。

所以，当我听到有人说“这个很赚钱”的时候，我就立刻把耳朵堵上了。因为在我看来，就算真的存在容易挣钱的工作、事业，也都是一时的，我们根本无法一直轻松赚钱。

为了快乐地完成有难度的事业，我开创了CCC。

所以，无论身处多么艰难的环境，我依然能够快乐工作并且珍惜与我共进退的伙伴。

2014年6月××日

所谓公司的发展

昨天晚上，某公司总裁向我咨询了一些工作上的事情。他的公司虽然刚刚成立几年，但是发展迅猛，让他颇为担忧。

他问我："是应该按照这样的势头，继续迅猛地发展下去，还是稳住发展势头，着重开展内部人才培养？"

我的回答非常简单："所谓经营，并非是做经营者所选之事。如果有高速发展的机会，那就应该把握机会，而人才培养更是不可懈怠。"

也就是说，我认为应珍惜当下的发展势头，并且通过这一发展势头来培养公司未来所需的人才。

在我刚刚创业的第三年，于大阪江坂开的茑屋书店颇受关注，有许多人前来考察学习，并且提出了开店的想法。虽然当时既没有现成的开店体系，也没有支持体系，但我还是接受了。

结果，我们不得不在东京、九州开设分公司。因为人手不够，我们大量招兵买马，后来发展成了一个能够大量开店，并且为开店提供支持的公司。

如果当时我以优先打造团队为由，拒绝了开店邀请，没有从事这些工作的话，或许确实能按照自己的节奏开展工作，但是与此同时，

也会失去获得、培养人才的好机会。

我们花大力气挑战直播电视，结识业界优秀人士，了解内容创业的结构等，这些才是实现今日发展的真正原因。

其实，无论公司的发展还是人才的培养，都只是结果而已。

把这些结果变为现实的，其实是经营者的勇气与不断挑战的决心。

2014 年 8 月 ×× 日

PPT 只是手段之一

我经常就“数字”提问。

之所以如此，是因为用数字说明问题时，往往比较容易被人理解。比如，听到目前的室温为 26℃，我就会明白比较热，听到 18℃，我就会明白稍微有点冷。

可是，我常常遇到这样的情况，我问："现在多少度？"某人却回答说："您觉得热吗？"我想知道室温，他却答非所问。我问："这条过道几米宽？"某人却回答说："比代官山的宽。"

也就是说，他们并没有准确把握具体数字，给不了准确答案，所以只能闪烁其词。这种做法，是绝不能在企划公司出现的。在企划公司，如果不知道，就一定要问清楚，然后把问到的答案，比如过道的宽度，作为"信息"记录下来。

回答"比较宽"的人，是因为他不知道过道宽度的具体数字，所以下一次他还是只能含糊作答。可是，一旦记住了数字，那么这个数字就转化成了当事人的知识。

使用PPT（演示文稿）进行介绍，只不过是我开展销售工作时传递信息的有效方法而已，其目的在于"传达"。

昨天，我向二子玉川项目的合作公司领导介绍项目时，如果遇到用语言、数字更容易让对方明白的问题，我就用口头表述进行介绍。如果遇到用文字、图纸、照片更容易让对方明白的问题，我就通过书面内容进行介绍。如果需要实地考察，我就带他们到现场去看。如果是要介绍我们的开店方向、所要实现的目标，那么我会用PPT进行介绍。

归根结底，PPT只是"方法"而已。因为我有想要传达的事情，所以才选择使用这一方法而已。

可是令我吃惊的是，我经常在会议上遇到只是演示了一遍别人制作的PPT资料而对内容毫无理解的人。就他所介绍的内容进行提问，他却什么也答不上来，只是一张接一张地播放PPT。

本来应该是因为有想要说明的事情，所以才制作PPT，可是他们

却把制作 PPT 当作了终点，为了做 PPT 而做 PPT。

如果能够在认真分析时代发展趋势的基础上，总结出一份对顾客真正有价值的企划方案，那么理应自信地向顾客进行介绍。有的人之所以不能自信地进行介绍，在我看来，其实是因为他们没有总结出让自己引以为傲的内容。

希望大家不要只满足于自己曾经做的企划，而要努力制作出能让自己骄傲的企划，哪怕只是一件小事。

每当在会议室听到毫无价值的回答时，我总会这么想。

2014 年 8 月 ×× 日

第二家店失败的原因

类似第二家店失败这样的倒霉事，我已经目睹了好多次，而且，我自己也经历过。

在枚方的第一家茑屋书店成功获得了大批顾客的支持，随即我们趁势在隔了两站路的香里园开了第二家店。但是，这家店非常失败。

失败后，我们不得不寻找存放第二家店库存、用品的地方，于是找到了江坂的仓库，也就是后来使茑屋事业获得巨大发展的江坂店所在地。

香里园店为何会失败呢？

如今回头去看，可能是因为首家店的成功体验。

人们常说，成功乃失败之母，失败乃成功之母。香里园店的失败，恰恰印证了这句话。

总而言之，开第一家店时，我们认真地调查市场、调查竞争对手，真正地站在顾客的角度，仔细思考这是不是顾客想去的店，是否有顾客愿意花钱租的商品，顾客走进店铺以后会不会兴奋，是否打造了一个让正式员工、临时员工都能感到快乐的工作环境，工作内容是否有趣，等等。我们几乎考虑了方方面面的内容，制订了周全的计划。

之所以能做到如此地步，是因为我们害怕失败，害怕还不上借款，害怕因失业而崩溃，进而有家庭崩塌的风险。

可是，一旦第一家店取得了成功，每个月有了盈余，我们就会忘记债务的事情，一心只想如何挣到更多的钱。而且随着“这样做的话会这样”之类的成功经验的累积，我们会去寻找能够“这样做”的房产。

也就是说，我们不再以站在顾客角度思考问题的方式开店，而是想要再打造一种同样的成功模式。

可是，顾客只会去想去的店，不会去不想去的店。地点变了，竞争对手会变，顾客所处的环境也会变。在郊区大获成功的买卖，完全照搬到市中心做，结果却赔得一塌糊涂。这是因为，市中心与郊区是不一样的。市中心能够提供各种让顾客快乐的服务，到处都是竞争对手。可是郊区人少，所提供的服务也少。所以，竞争不激烈的郊区和市中心所需要的店铺、买卖是完全不同的。

不站在顾客的角度思考问题，抑或是不考虑员工对工作的期待感，这样的店铺，既吸引不来顾客，也无法让员工快乐工作。成功的体验，会让人不由自主地忽视最基本的问题。所以，第二家店较容易失败。

换言之，就算是第二家店，若能结合首家店的成功经验，尽可能地站在顾客、员工甚至临时工的角度思考问题，打造一个顾客想去，员工渴望在此工作的店铺，那么应该会取得比首家店更大的成功。

我再一次认识到，人是一种难以抵抗诱惑、容易骄傲的生物。所以，对于成功而言，保持谦虚的能力，或许比完美完成工作的能力更为重要。成功以后，人会变得愈发自信，也会愈发听不进去他人的建议，这样是不可能越做越好的。

这就像信仰宗教一样，需要每天进行自我反省。

2014 年 10 月 ×× 日

经营乃对失败的宽容

谁都会失败，因为做的是自己不会的事情。若不做自己不会的事情，人是无法进步的。

企划公司的发展，不应通过营业额、利润的多寡来衡量，应该通过企划公司所拥有人才的企划能力来衡量。

前几天，我又搞砸了一件事情。可是，正是因为这些失败，人们的经验值才会逐渐增高，只要还有机会，就一定能够取得成功。

但是，如果因为失败而气馁的话，可能就会抓不住下一次机会。而把失败当作为实现成功而付出的努力，一定是有好处的。

所以说，成功是离不开失败这块垫脚石的，成功的体验也是做不了垫脚石的。

希望失败的人能够充分利用自己失败的经验，积极地迎接下一个机会。在经营方面，考虑到失败的人往往积蓄了更大的力量，所以我更愿意把机会给他们。不过，因为心怀不轨而造成的失败，抑或是疏忽大意而造成的失败是不算在其中的。

此外，企业发展得越大，失败后的损失也会越大。但是为了实现发展，接受挑战又是必不可少的。

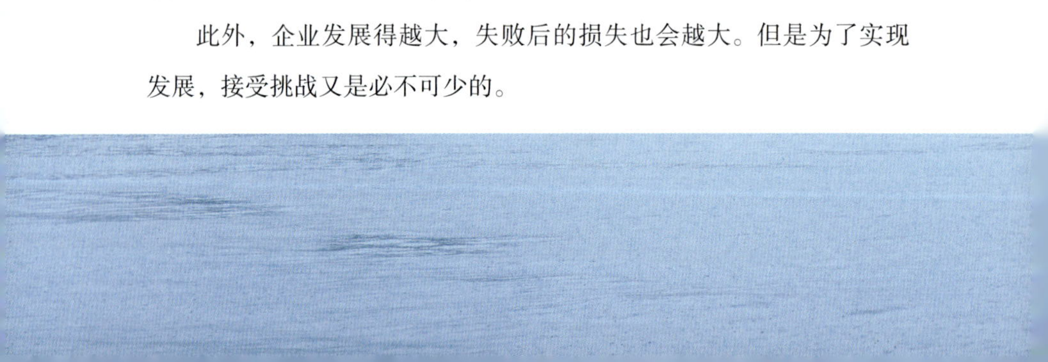

挑战，就有可能失败。

回想起来，我自己还真是没少经历失败。有大家知道的失败，也有不为人知的失败。

之所以能在历经多次失败后，依然坚持至今，是因为我始终把这些失败理解为成长的收益。

总而言之，这让我想起了自己一直视若珍宝的一句话——经营的本质在于对失败的宽容。

2014 年 11 月 × × 日

日新月异

企划就好像北冰洋上漂浮的冰山，水面下的冰块是浮在水面上的好几倍。也正是依靠浮力，冰山才得以漂浮在水面之上。

我认为，自己的演讲其实和冰山一样。演讲中没有提到的大量经验、信息，其实才是我演讲的根基。

所以，仅模仿我的演讲，总让人感觉欠缺点什么，其原因其实就在于此。

同样是强调某一点很重要，从经验丰富、知识渊博之人口中说出，与仅知道这一点的人口中说出，其说服力是完全不一样的。

代官山 T-SITE 自开业以来已迎来第四个年头。虽然很多人都尝试模仿 T-SITE，但并没有能做好的。这是因为，T-SITE 是在积累了许多构思及经历了各种失败的基础上创建起来的。

湘南 T-SITE 正是在上述经验的基础上，加入新的尝试后建设而成的商业设施。在这三年里，发生了许多变化。因为是结合各种变化企划而成，所以湘南 T-SITE 成了一处更具魅力的空间。

在日新月异的年代，模仿其实意味着倒退。无论是梅田还是二子玉川的项目，我们都尝试了许多新的挑战，可是从长远来看，我认为这些都是理所当然的事情，没什么好引以为傲的。

我认为，只有具备不断为顾客未来着想、加深项目理解、提高企划品质的执念，才能够开创崭新的时代。时代的变化会越来越快，希望 CCC 能够成为创造时代的企业。

2014 年 12 月 ×× 日

我在近期销售工作中的思考

我们卖的是“企划”。可是，企划是超出客户理解范围的。也就是说，企划中有许多客户没有见过，即使解释他们也依然听不懂的事情。

推销时，我发现经营者通常分为两种类型。一种是积极、努力地理解我的提案，即使未能充分理解，也愿意赌一把的冒险型经营者。另一种是无论我多么仔细地用数字进行说明，都依然惧怕风险而不敢做出决定的保守型经营者。

处于经济高速增长期的经营者，即使不愿承担风险，也会因为人口的增长、国家的发展而实现业绩的增长。可是，在科学技术日新月异、国际竞争日益激烈的今天，而且是在人口不断减少的日本，我认为，不改变才是最危险的事情。可是，通过一己之力进行变革是有难度的。

这是因为公司内部的成员会被过去的成功经验束缚，加上公司每个月的销售额都在增长，所以能够由内部员工主动提出具有革新意义的企划方案的公司的确很少。

今天见到的这位公司老板对我说，他要求员工每天都要有新发明。也就是说，他的公司是一家每天都在发明的公司。

虽然“发明”与“做从来没有做过的企划”表达方式不同，但其与 CCC 的思路其实如出一辙。我认为，这样的公司老板才是能够革新社会，使公司取得发展的经营者。

他让我回想起了已经渐渐遗忘的行为规范——不畏惧失败，因为失败能够带来发展。

如果 CCC 不能每天都有新发明的话，那么就失去了被称为企划公司的资格。

说到这里，我突然想到了一件事情。因为发现最近只用苹果电脑的创意工作者客户越来越多，所以董事长办公室的员工特意准备了苹果电脑专用的连接用品工具盒。

这也是一件小发明！

2014 年 12 月 ×× 日

真相或许只有一个，或许不止一个

婚后的男女经常会思考这些问题——对我的人生而言，我选择这样一个人，到底是正确还是错误？是该分开，还是该继续维持现在的生活？可是，就算不停地寻求问题的真相，不断地思考，看各种书，听各种人的意见，也很可能在找到答案之前人生就结束了。所以，只有一个准确答案的事情是很少的。

也就是说，CCC 所要完成的企划工作的答案也不止一个。

在我们反复探讨、研究怎么做才正确的过程中，时代已经不知不觉地发生了改变。

所以，关于过去的工作，与其探讨它到底对不对，我更愿意思考这么做是否能让顾客高兴，或者这笔资金能否转化成利润，让我还上借款等。

因为我认为，寻求真相是学者该做的事情，创造出实实在在的价值，才是企业家该做的事情。

所以，对于在公司内讨论什么是正确的人，或什么是正确的事，我都毫无兴趣。

我的关注点，只在于谁愿意承担风险，将企划变为现实。

因为在我看来，只有愿意承担风险之人的身上，才存在真实。

2015 年 1 月 ×× 日

为了培养出自觉性

从我下定决心建立世界第一大企划公司的那天起，我便决定打造一个不依赖于命令，而是通过彻底贯彻信息共享、凭借大家自觉思考而自发运转起来的组织。

为了培养员工的自觉性，我尽量努力成为一名不下命令的上司，努力打造一个领导想要了解一线情况时无须去问，而是下属为了推动工作进展而主动向上司汇报这种自发地共享信息的团队。当然，从组织的角度而言，下达命令这种方法确实是快速且高效的，但我还是决定牺牲效率。

在公司缺钱缺业务的时候，我依然鼓励大家多多思考、多多尝试，带领团队、公司走到了今天。

在这一过程中，我们的确做了许多无用功，但与此同时，我们也为公司培养了善于自觉工作的人才。

不过，随着公司、组织规模的壮大，团队领导会因其头衔，于外受到来自社会的喜爱，于内获得更多的部下，工作的成就感就越来越大。加上加盟店支付的加盟费及其他稳定收入的利润越来越多，他们的工作成就感就更大了。

还有，随着既定业务（日常业务）的增加，完成各项业务的体制愈发成熟，公司就容易成为一个靠命令运转的组织，最后，连员工自觉性也被剥夺了。

这样一来，公司便不再站在顾客的角度思考问题，对竞争对手的一举一动变得反应迟钝，直到被攻击的时候才有所察觉，以致被顾客抛弃。

在科技迅猛发展的年代，利用新技术发展起来的竞争对手不断出现。也就是说，通过新科技创造新服务的创业型企业正在不断超越安于现状的企业。

被变化牵着走，公司将很容易倒闭。无法创造变化，公司将止步不前。

由欠缺自觉性的人组成的团体，容易跟不上时代变化，最终被社会淘汰。

所以，我们永远也不能忘记创业公司的精神——努力策划并让顾客更加喜爱技术、服务。

2015 年 1 月 ×× 日

令我感动的一句话

“你下定决心了吗？”

CCC 目前运作的项目有很多，当负责其中一个项目的员工去拜访整个商业设施的负责人时，负责人提出了这样一个问题。

虽说我们身处生活提案业，却面临着缺乏真正会做生活提案的员工的现状。

生活提案涉及生活的各个方面，比如吃饭、居住、时尚服装、数字生活、汽车生活、艺术、红酒等。

包括我在内，真正具备能够向顾客提案的知识水平的员工并不多。不仅如此，经营过超过 1000 坪[①] 面积的店铺，或是打造过商业项目，再或是搭建过商业设施信息系统后台的人也是少之又少。

就像我工作第二年，在什么都不懂的情况下就被派到轻井泽 Bell Commons 购物中心工作一样，现在公司里大部分员工的经验、水平都和我当时差不多。即便是这样的员工，在专业人士的帮助下完成各种挑战的可能性也是很大的。因为工作不应该交给能做的人，而应该交给想做的人。

会不会不重要，重要的是，是否具备使项目获得成功的必备要素，也就是“决心”。

有决心，便不会逃避。有决心，便不会找借口。有决心，便会遇到愿意提供帮助的人。有决心，便能创造出机会。

想必那位负责人一定在这方面颇有经验，所以才特意大声地向 CCC 的员工发问——“你下定决心了吗？”

再一次为我们身边能存在这样优秀的人表示感谢。

2015 年 3 月 ×× 日

① 1000 坪：约合 3305.7 平方米。——译者注

建立信任

我通过观察和自身经历学到，为了建立信任感，很多事不可为，其中之一就是不可归咎于他人。

人与人之间达成约定，然后通过反复磨合实现约定，信任由此而生。

如果购买苹果公司推出的新产品的顾客，每次都能获得“这个产品很不错”的体验，那么他就会认为“苹果这个牌子很棒”。

因此，无论是小到喝酒的约定，还是大到很重要的约定，我都尽可能地和别人多做约定，并通过努力实现约定，以此来获得更多来自他人的信任。

可是，随着公司规模越来越大、业务范围越来越广，需要拜托别人的事情也越来越多。比如，有顾客委托我们做建筑业务时，因为我们做不了，所以只能委托给建筑公司来做。商品需要进货时，我们也只能请批发商来做。

当被委托的一方能够按照约定执行时，我与顾客之间的约定才算达成。可是从以往的情况来看，因 CCC 是小公司而延迟完成约定的受托方居多。可是遇到这种情况时，我并不会将此归咎于对方。如果商品供应不及时，我会亲自到工厂取货；如果建筑材料不足，我则会亲自调配补货。

之所以这么做，是因为我知道就算这是受托方的问题，顾客也只会认为增田是一个不守信用的男人（公司）。我不想让顾客这么想，所以，我绝对不会归咎于他人。

我一直这么做，于是接到的委托、工作越来越多，让我自然而然地获得了许多新信息，企划能力也因此提升，帮助我做出了更为出色的新企划。

2015 年 4 月 ×× 日

直觉

观察数据可以发现世界上的变化，可以了解顾客的思路。可是，只有数据的话，是创造不了价值的。

虽说我们是一家数据库市场营销企业，但是从创业之初开始，我就一直认为，数据创造不了任何价值。

创造价值的，是读取数据的感知力、经验。而一直以来让我比上述两点更为重视的，其实是人拥有的“直觉”。

创业后，我和许多人谈过话。谈话时，我经常通过直觉判断一些事，比如，这个人好像是可信的，这个人好像很能干，等等。

当然，我也有看走眼的时候。

对于项目也是如此。判断一个项目到底是好是坏，我通常会去项目现场感觉一下。

再进一步说，我是为了验证直觉，从而进行各种调查并做出逻辑判断。

也就是说，对我而言，数据并非用来企划的工具，而是用来验证及说服他人的工具。

前些天就有人拜托我看一个项目，于是我去了项目现场。到现场一看，我不太满意，它有种让人不踏实的感觉，所以我并没有回答说，这是一个好项目。后来，这个项目上发生了一起令人遗憾的事故。

虽然这种情况很难用道理解释明白，但是，人的确具有感知事情的某种力量。

CCC 上市时，相关管理人员反复对我们强调说，请不要使用“直觉上”这一词语，因为按照直觉经营，容易让人觉得你的经营水平较低，从而影响股价。

可是，在信息化社会中，充分发挥人类拥有的想象力、直觉力，已经成了一项重要战略。在计算机能够帮助我们完成数据统计、解析的时代，我们必须在经营中充分发挥人类本来所具有的才能。

这是我最近的深切体会。

2015 年 5 月 ×× 日

分工的弊端和商机

刚开始创业时的增田

任何事物，都是从一个人的脑海中开始的。

开茑屋书店的念头，也是从我的脑海中产生的。

我请来伊藤，在枚方开了第一家茑屋书店。

从装修设计、商品布局、进货，到员工招聘、卖场分类促销广告制作、收银台设计、销售日报制作，甚至是向银行贷款，所有的工作都是我们两个人完成的。当然，店铺装修及标牌制作是委托专业公司完成的。

为了完成这些工作，我们两个人一起构思，不但确定了经营理念，为制订销售计划而做了市场调查，还做了员工培训手册及排班表。

开业第一天，单是统计营业额就花了好长时间，根本没有核对收银误差的工夫。营业结束后，我们将商品放回货架，然后为第二天的营业做准备。

开业第二天，我们一边进货，一边思考如何分类，如何做好宣传，然后摆出商品，给商品贴上分类促销广告。总而言之，所有工作都是我们两个完成的。

寻找铺位时，我们先是和房东谈了好几个月；拿到合同以后，又仔细咨询律师；报税时，又咨询税务人员。

可是，第一家店铺成功以后，我们就会在开始第二家店、第三家店等的过程中建立组织，然后从什么都做的一两个人变为有分工的组织架构。比如，开店有开店负责人，商品有商品负责人，运营有运营负责人，而财务、人事等职能型工作则由管理负责人负责等，以此将工作内容细化。

当店铺发展到全国范围以后，还需要设立区域负责人，以及 IT

（信息技术）、数据方面的专业负责人。一旦形成一个能够高效开店、运营的组织以后，工作就变成了常规业务。

前几天，我见到了 CCC 旗下某公司的管理团队，它给我留下的印象是，业务分工很细，但信息渠道也很零散，整个团队无法实现信息共享。

举一个例子，做饮食生活提案的人，每天都必须了解各种美食，至少也应该去意大利参加过食物博览会（米兰世界博览会），对几乎所有食物的信息了如指掌。做不到这些的话，是无法针对新的食品卖场做企划方案的。可是，大公司里的食品部负责人只是被委派来负责食

品卖场，具备丰富的食物相关知识、信息的并不多。而这样的负责人，通常只会站在供给方的角度思考问题，满脑子想的都是如何使自己所负责卖场的销售额超过去年。

但是在我看来，对食品部负责人来说，真正重要的是能够站在顾客的立场，亲自去品尝与了解全世界的各种美食、各种食品店及新型的饮食体系等，为顾客提供新的饮食生活风格参考。可是令人遗憾的是，我没有看到一家大型企业的相关负责人这么做过。

我在20多年前决定做数据库市场营销的时候，曾经受到很多人的嘲笑。最近，我希望公司能在生活风格提案领域做到日本第一。

如果你们在想，我是不是脑子进水了？说什么胡话呢！那就太好了。因为没有人愿意和我做一样的事情，我才有可能成为第一啊！

这是我最近正在密谋的事。

2015年12月××日

身处于腊月人流中的所思所想

喜欢，在一起，快乐。

这是我开公司时，发自内心的感受。

反正都要工作，那还不如和喜欢的人一起，快乐地做喜欢的事。

当然，在这 32 年的工作中，并非全是快乐的事情。但是回首往昔，总体来说还是快乐更多，如今我也依然很快乐。

其间，我们经历了好几个转折点。

第一个转折点，出现在枚方店开业后生意很好，于是我们在江坂开了第二家茑屋书店的时候。因为我们是用第一家店的团队来开第二家店，所以枚方店的团队势必会因此弱化。

虽然首家店的营业额并未减少，但是由于客服工作主要交给了缺乏工作经验的临时工，所以服务水平显著下滑。得知此事后，愤愤不平的母亲教导我说："虽然增开店铺是公司的决定，但是，不能为了开店而牺牲最为重要的顾客。"的确，如果服务水平下降的话，势必会引起顾客的不满，导致他们不来或是少来，从而影响销售，使生意无以为继。

对于刚刚开了第二家店，沉浸在周围赞赏声之中的我而言，这句话真的是一语点醒了梦中人。于是我立刻着手改善枚方店的服务，努力使枚方店的服务达到比江坂店更高的水平。结果，江坂店的服务水平也随之进一步提升，深得顾客好评。

其实还出现过一次类似的情况，在我建立 CCC 开展特许连锁加盟业务的时候，自创业以来一直给予我悉心指导的舅舅（母亲的长兄）这样对我说道："你把公司做大的目的是什么？虽然我很理解你想把公司做大的心情，可是做大以后，就没那么自由了！"

不知道为什么，我产生了公司越大自己也越了不起的错觉。公司大了，贷款变多了，员工数量变多了，需要管理的事情变多了，让人不快乐的工作也变多了。想到这里，我突然想起了舅舅曾经对我说过的一句话——人生是有限的，还是不要去增加不快乐的工作为妙。

可是，我的心中却暗藏着不把公司做大就实现不了的事情，所谓实现不了的事情，恰恰就是自由。为了真正得到内心渴望的自由，我

才努力把公司做大。

举例来说，不把公司做大的话，就无法进行系统投资；不把公司做大的话，就无法拿到好的交易条件；不把公司做大的话，就吸引不来优秀的人才；不把公司做大的话，就租不到好的店铺，得不到银行的低贷款利率。总而言之，在我看来，只有把公司做大，才能为公司创造更多的利益，进行更多的尝试，吸引到更优秀的人才，从而为每一位顾客提供更优质的服务。

之前的公司曾经教导我们："要把所有精力都投入到卖场之中。"

可是在把公司做大的过程中，人们往往容易忘记最开始的目的，变得只图自己开心。所以，当公司真的做大以后，服务质量反而下降了，工作的快乐感也大幅降低。这样一来，很多事也就失去了本来的意义。

所以，我们必须使公司成为能够感受到工作快乐的公司，把之前没做好的细节服务做到位，努力使顾客满意。

身处于寒冬腊月的人流中，我回想起了那份初心。

2015 年 12 月 ×× 日

所谓销售

提起销售，我们的印象往往是把某种商品卖给顾客，然后从顾客那里换来钱。其实，销售的本质并非如此简单。因为没有顾客会为了企业的利益，而高高兴兴地自掏腰包购买被推销的商品，同理，也不会有这样的企业。

那么，企业为什么要购买商品呢？因为能够获得高于购买成本的价值。

商品的价值与所支付成本的差额越大，买方就越高兴，而且还会感谢卖家。我一直很在意这个“差额”的大小。

当成本和价值一样时，虽然不会引起什么不满，但估计客户也不会再见你第二次了。只有差额越大，客户才会越期待，也才会主动要求第二次见面。

这个道理听上去似乎理所当然，但要做到真的不易。

好比自家商品价值为 5，也许对某个客户来说其价值最多值 3，可是对另一个客户来说，其价值却为 10。所以说，再好的商品，也未必就能获得顾客的喜爱，再差的商品，也未必不能给顾客带来幸福感。

总而言之，商品是没有绝对价值的。

所以，我通常首先去做的，是想尽一切办法了解客户。了解客户目前处于什么状态、正在寻求什么、什么对其公司有帮助、其公司存在什么问题等，综合且深入地了解客户公司发展至今的重要原因。

我还会去阅读客户公司的书籍和刊登其董事长发言文章的杂志，仔细分析其股东情况、董事会成员、收入、利润走势等。分析完后，我会与其董事长见面，寻找其公司的欠缺之处。因为对该公司而言，此欠缺之处恰恰是其未来发展的重中之重。如果 CCC 现有的产品正好

能解决该公司的问题，那么直接把该产品卖给他们即可。如果 CCC 没有这样的产品，那就必须想办法企划出来。

就这样，我们从零开始，企划出了各种各样的产品，然后才有了今天的 CCC。

我们创造产品与销售产品，从而获得顾客的喜爱，成为客户信任的公司。

所谓销售，其实就是创造企划力，建立起与客户之间的信任关系。对于企业而言，这或许是最为重要的行为。

绝不是为了挣钱而卖东西，也绝不是为了自己挣钱。

在我看来，销售之于企业，如同“活着”之于人类。

2016 年 2 月 ×× 日

明天起，又是新的一年

今天下午3点将召开一年一度的全体员工大会。一大早，我就和董事长办公室一起准备了会上的发言稿。因为今天天气很好，加上从明天开始就是崭新的一年了，所以我把一张樱花的图片作为演讲稿的封面。

在高轮大王子酒店昆仑厅内，如期聚集了2500名公司员工。无论何时召开，有多少人参加，会议都必须准时开始，这样的CCC文化令我感到无比自豪。

虽然我的演讲题目既不是约定，也不是感谢，但是我始终认为，不做类似于开会时迟到、讲话超时等影响到他人的事情是非常重要的。

在今天的全体员工大会上，我想讲的主题是，CCC集团2015年工作总结及2016年的方针、体制。

在近些年与客户打交道的过程中，我发现很多企业渴望从CCC获得平台企划、数据库相关服务，尤其是对生活风格提案的相关需求量大为增加。所以，我决定CCC集团从今往后只开展以下三项业务。一是作为世界第一大企划公司为客户搭建平台，二是作为数据库市场营销公司提供数据库咨询，三是为从事平台事业的人们提供生活风格内容咨询。

人为什么要工作？人究竟想过什么样的生活？创业初期，当公司业务该开始走向正轨的时候，我开始反复思考这两个问题。当时，我和大家一起探讨了公司的愿景和价值观。结果，大家一致决定CCC最应该重视的是“自由”。

虽然工作是为了能够生活下去，为了挣钱，但是我认为，挣钱的目的，其实是活出自我，获得自由。因为抛开工作来说，人也是渴望自由的。所以，我们希望能够创造出让大家通过工作不断积累金钱、人脉、经验、技能的公司，也就是能帮助大家实现自由的公司。

说起来虽然简单，但是如果挣不来钱的话，这些事情根本无从谈起。去不了海外旅游，也买不起最新的信息技术工具；贷款额增加的话，就要谨遵银行的要求；上市的话，就必须对股东的要求言听计从。

活得自由，获得自由，为了实现这一目标，我回想起了自己这 30 多年来的努力。希望新的一年能够成为大家距离自由更近的一年。也希望 CCC 能够成为一个集企划人集体、好玩人集体、数据分析师集体为一体的集团。

2016 年 3 月 ×× 日

整体和谐与个体权利

从一般思路来看，明明是小型建筑的铅笔楼，却设计了许多无用的楼梯、电梯等，对于住户而言，真是既狭窄又不方便。

所以，如果拥有土地的人们能够将土地合并在一起，合建一座大楼的话，不但能够大幅提升使用效率，还能建出让住户喜爱的好房子。其实土地拥有者们也明白这些，只是他们更想在自己的土地上建只属于自己的建筑。这就导致市中心杂乱无章地矗立着一座又一座风格迥异的铅笔楼，大幅降低了街景的美观程度。

巴黎的街道则不然。19 世纪，拿破仑三世对巴黎街道建筑的高度、材质、设计、颜色等制定了一套统一规定，按照这一规定修建而成的美丽街道，如今依旧在巴黎市区熠熠生辉。所以，巴黎街道的美丽并非偶然。

关于个人自由（想在自己的土地上建起自己的建筑）与整体和谐（街道的美观）的关系，人们进行了各种讨论。讨论的结果是，还是应该选择适合住户、市民的处理方法，如果一味推崇个体权利的话，那么个人资产到头来也会被损耗。

我深刻地领悟到，所谓经营与管理，应是为具有对立关系的事情企划出合理的解决方案，而不是对有权力者言听计从。

也就是说，管理中需要的也是“企划力”。看着巴黎美丽街景的照片，我再一次体会到了企划公司的重要性。

2016 年 4 月 ×× 日

发展与风险

在相扑领域，新人若想成为幕内力士[1]是非常困难的。可是即便如此，大家依然非常努力地想要成为幕内力士。成为幕内力士以后，还会梦想成为小结、大关，甚至有朝一日成为横纲。刚刚拜师学艺的力士，是不允许与幕内力士切磋较量的，他们只能通过不懈努力反复取得胜利，从而成为幕内力士。

我独立创业以后，把茑屋发展为加盟店，还开拓了 T 积分的业务合作，至此，应该算是成了一名“幕内力士”。

后来，我们上了 NHK（日本放送协会）的电视节目，做了枚方 T-SITE，为了增加海外客户，我们协助爱彼迎（Airbnb）开拓日本市场，与世界知名运动品牌亚瑟士合作，或许可以说，我们已经开始了与大关、横纲级别力士的切磋较量。

无论从事什么工作，竞争对手都是避免不了的。工作的内容、范围大小不同，竞争对手也会随之改变。

与附近租赁店竞争时，作为连锁企业总部与其他大型连锁公司竞争时，作为书店时，作为商业设施时，使用数据库制作促销企划、商品企划、店铺企划等时，我们的工作内容都在不断发生着改变。

与此同时，客户也在发生改变，竞争对手也发生了改变。此时此刻，我深切地感受到竞争对手的力量正在越变越大。

虽然实现发展是一件让人高兴的事情，但与此同时，也要面临与更强劲的对手较量的风险。

---

① 幕内力士：日本相扑分为十个级别，由高到低依次为横纲、大关、关胁、小结、前头、十两、幕下、三段目、序二段、序之口，其中，前五个级别的相扑称为幕内力士。——译者注

是临阵脱逃，还是继续战斗？

当然，为了发展，我们必须继续战斗下去。

2016 年 6 月 ×× 日

公司的发展战略

重复做同样的事情是无法进步的。

公司也好，人也罢，都应该随着时间的推移有所成长进步。因为员工不可能靠死工资工作一辈子，且一辈子若只重复做有限的几件事，也未免过于遗憾了。

所以，成长其实是人、企业的自然状态。

成长的结果会体现在销售额上。因为销售额是“结果”，所以不制定“原因”，而一味追求销售额增长的做法是不正确的。话虽如此，可是从结果上来看，又必须努力提高销售额和利润，因为利润的增加意味着可以获得更多的自由。

作为向年轻人进行生活提案的平台，茑屋书店通过电影、音乐、游戏于 1983 年出现在了大阪枚方。

后来，茑屋书店通过在江坂、东京、鹿儿岛、青森、四国、北海道等地区开设加盟店，逐步发展了起来。

为了适应人口结构的变化，我们企划了一家旨在为 60 岁以上的顾客带来快乐生活体验的书店，也就是于2011年开业的代官山茑屋书店。

后来，茑屋书店又在函馆、湘南、京都等地落户，如今，已经开到了第 7 家。

此外，我们打破了只能在茑屋书店使用会员卡的限制，策划了用于开卡认证的“T 卡”，还策划并普及了可在任何地方积累通用积分的“T 积分”，如今，我们已经积累了 6000 万用户。

今年，为了激发人口正在逐渐减少的日本的商业活力，我们把目光投向了海外市场，并且成功与爱彼迎达成了合作。

明年，我们将企划面向外国顾客的茑屋书店。

在这一过程中，只懂直营业务的人不但学习了特许连锁加盟业务，从事了大型商业设施的企划，与大公司联手打造了新型积分卡体系，还在不会英语的情况下，为外国企业提供企划咨询。可以说，我们做的净是一些我们原本不会的事情。

挑战不擅长之事，能够实现员工的成长，从而实现公司的发展。

不是一心只想获得更高的收益，而是一心努力成为能为更多客户制订新颖企划方案的公司，若能如此，公司自然会不断地发展下去。

不要每日重复同样的工作，在稳定的收入上止步不前，而要不断挑战新工作、享受工作，不断实现个人与公司的共同发展。在今天早上的 CCC 董事会上，我想到了这些。

为了达成这一目标，管理团队未来的工作会越来越多。

2016 年 8 月 ×× 日

第二章 组织论

可乘 7 人的小船

有一种名为“赛艇”的比赛用船（可乘坐5人）。一艘船上有4名划手，左右两边各坐2名，手持船桨。为了让4名划手统一划船节奏，还有一人于船尾喊口号。

因为喊口号的人是不划船的，所以他会增加赛艇的阻力，但是在他的口号下，4名划手统一划船节奏，反而使赛艇的行进速度加快。

若将这样的赛艇看作组织的话，它堪称一个赚钱和干活都非常高效的组织。

试想一下，为了观察天体、预测天气，以及检查水质，想办法减轻船底与水的摩擦，船上又来了第六和第七个人。于是，船上增加了两个人的体重，可是他们二人的研究成果并无助于船速的提高。因为影响了船速，所以他们二人被迫下了船。

但是，如果是一个较大规模的组织，则很难察觉到船速的下降。这时，往往容易因“检查水质”和“预测天气”这些所谓的正当理由而允许增编第六个人、第七个人。

其实，这些工作根本用不着在船上做，委托岸上的某个研究机构研究一下，然后将其研究成果直接用在赛艇上就可以了。可是，如果有一个不想跑快的组织首领，再加上一群喜欢搞研究的人，这样的团队只会被同样调性的人越填越满。

渐渐地，划手们累得划不动了，赛艇也不堪其重，最终沉没。类似的情景，我已经在很多公司看到过了，所以我早已暗下决心，绝不让自己的企业变成那样。

所以，发展小团体业务就好。按照这一想法，从创业初期开始，我就非常注意业务划分，成立了许多子公司。因为我认为这样做更便于大家了解公司的成本、利益，从而促进公司的发展。

我一边回想着这些事情，一边听完了今天早上管理会议的报告。CCC 集团正面临着一个再次创造崭新历史的机会。

当然，在小河里，即便小而高速的船只也可能会相撞，船桨也可能会拧在一起。

2007 年 3 月 ×× 日

发展的副作用——彼得定律

彼得定律是 1969 年一位名叫劳伦斯 · J. 彼得（Laurence J. Peter）的人提出的，是关于人们发展晋升的定律。

当一名职工在某个职位上表现得十分优秀，那么多数情况下，他将被提升到更高一级的职位。可是，善于做饭的厨师未必就能管理好整个酒店，优秀的销售员也未必一定能成为具有出色领导力的销售部经理。

劳伦斯 · 彼得发现，每一位在原来职位上取得优秀业绩的职工，会被提升到更高一级的职位，若能继续胜任则将进一步被提升，直至达到他所不能胜任的职位。

如果是自发地想要挑战自己不擅长的事情，那么人们会想尽一切办法思考如何达成。可是，如果是被动提升至某个岗位的话，那么当事人会认为自己可以，周围对他的期待也很高，当工作进展得不顺利时，当事人很难产生渴望突破难关的正能量。因为自尊心很强，所以他只会一味苦恼："为什么会做不好？不应该是这样的！"

另一方面，如果是自己想要挑战的话，那么就不会受到

来自周围人的期待，而且因为是自己的选择，所以会想尽一切办法努力达成。

我之所以在各种场合反复强调“自觉性”，其实是为了强调自己做决定的重要性。

“喜欢，在一起，快乐”的背后，其实蕴藏着不归咎于他人，自己思考、自己挑战的前提与美学。

不愿冒险的人，既没有快乐，也没有成长，而且将很可能成为彼得口中的“无用之人”。

2013 年 10 月 ×× 日

思考的团队与不思考的团队

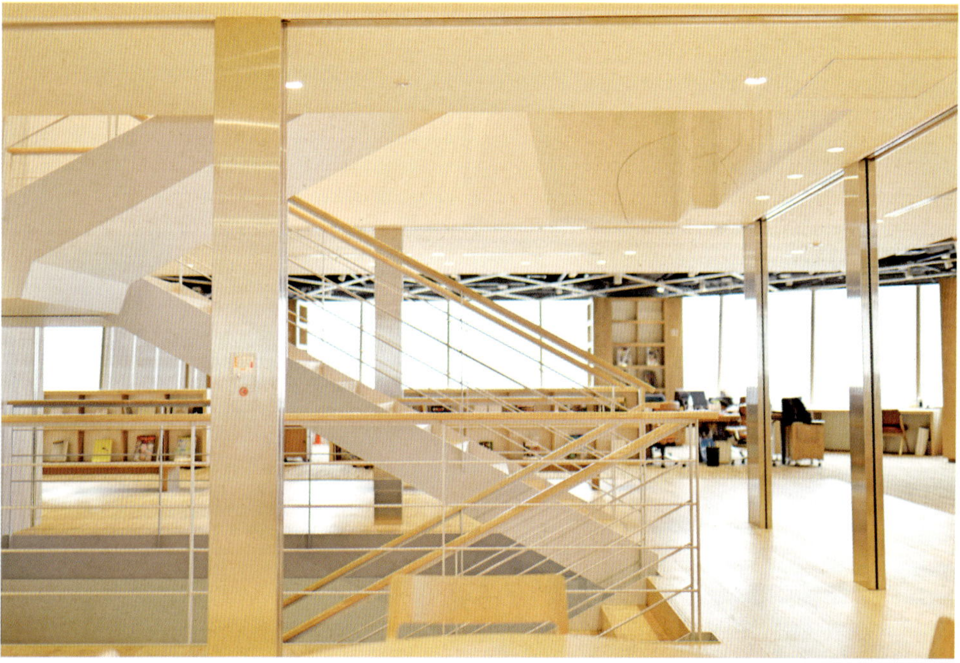

创业以来，每当被问到企业愿景时，我都回答说“希望我们能够成为一个通过无线连接起来的个体户出租车团队”，而不是成为一个大型的出租车公司。原因在于，CCC 的目标是成为全世界最好的企划公司，而不是成为一个大型企业。也就是说，我们的目标是打造一个善于思考的组织，而不是打造一个不思考也能够存活下去的组织。与大型出租车公司的司机相比，个体出租车司机所“思考”的事情要多得多。

在大型出租车公司工作的话，如果因为身体不适而请了几天假，也照样可以拿到工资。可是个体出租车司机完全没有这种待遇，所以

他会比其他人更加注重自身健康。此外，出租车公司的司机可以随心所欲地跳槽。与此不同的是，为了收回投资，个体出租车司机是不能说不干就不干的。

试想一下，如果一个由100位善于思考的人组成的团队，与一个由1000位不善于思考的人组成的团队对战的话，哪边会赢？

建立一支善于思考的团队，并非将喜欢思考的人聚集在一起，而是使他们置身于不得不独立思考的环境之中。

赚钱的业务可以交给事业合伙人来做，因为CCC已宣称自己是一家企划公司。企划公司，就是只做企划的公司。

可是，当企划方案不断受到市场好评，公司越做越大，稳定收入也越来越多以后，人却变得不再喜欢思考。

此时此刻，我突然发现，成为全世界最好的企划公司是很危险的!!

2014年8月××日

把人调动起来

当我有了一名新部下时，我会先推荐他看几本书，其中有一本是美国著名人际关系学大师戴尔·卡内基的名著，上面有这样一则小故事。

路上横卧着一头牛，挡住了人们的去路，有人想用绳子把牛牵走，可是无论怎么牵，牛都不动。这时，看到了这一幕的另一位路人，拿出了牛喜欢吃的东西并放在了它的鼻前，引着它往前走，就这样把牛引开了。

这则故事是想告诉我们，若想使人行动起来，是需要知识和技术的。

年轻时，读了这本书以后我才恍然大悟，明白了无法通过命令让人行动的道理。

不过，后来我才发现，反过来说，也就是没有被动行动的人。

我曾经请古文书法家写了一幅字——“无我梦中”，如今依旧挂在青叶台的旅馆中。这句话的意思是，因热衷于某事而忘记了自我的存在。也就是说，人的存在，本身是自我的，是以自己为中心的。可是，当人有了动力，想要实现某个梦想时，人是能够控制、掌控自我的。

就连一向以自我为中心的棒球运动员铃木一郎，拥有了在 2009 年世界棒球经典赛（World Baseball Classic，WBC）上战胜美国队成为世界第一的“梦想”以后，便立即放下了自我，不但每天早上第一个抵达球场练习，还仔细教授年轻选手与美国队比赛的技巧。

当我明白，人不是靠命令而是靠梦想行动以后，为了强调梦想的重要性，我特意请那位书法家写了这幅字。

总而言之，身为领导，虽然必须要有团结人、调动人的能力，并且还要具备一定的技术，但是，更为重要的，是具有描绘集体梦想的能力。

成为全世界最好的企划公司，就是 CCC 一直以来的梦想。

2014 年 9 月 ×× 日

银行强盗与薪酬制度

人，为了生活而工作。在某些情况下，小偷也能通过盗窃别人的家财而活。可是，盗窃银行这样的事，一个人是做不到的。

它需要一个专业的团体来做，其中有负责开车的人、负责获得银行平面图的人、负责攻破银行安保系统的人、负责搬运金块的人、负责将金块兑换成钱的人等。总而言之，聚集同伙一起实施的才是银行强盗。

Company（公司）的本义是伙伴。公司，是无法一个人运作的，它需要一个集体。

其中，领导者需要发挥的作用是制定战略，也就是决定“盗窃”哪一家银行。此外还要负责召集同伙，以及成功“盗窃”银行后的“分赃”。如果按照人头平均分配收益的话，肯定会有人不满。所以，如果领导不能按照大家的作用、贡献合理分配报酬的话，那么下一次再想做什么，就没人愿意跟着干了。

也就是说，聚集人的能力，也就意味着分配收益的能力。

可是，类似上市公司等发展成熟的企业都已经有了明确的薪酬制度，形成了能够简单确定报酬的组织体系。这种公司的领导只需按照薪酬制度分配即可，无须依据员工的能力、成果分配收益。也就是说，这种公司的领导，并没有发挥出分配收益这一领导最为重要的作用。所以员工纷纷辞职，自己开办公司。所以大企业难以成长，难以革新。

CCC 从今年开始引入了阿米巴经营管理模式。就像以人为标准的创业公司那样，CCC 致力于成为一家依据每位员工工作成果来合理发放薪酬的公司。当然，因为公司、业务的不同，难免会存在差异，为了防止各自决策有可能引发不公平的情况出现，我们决定成立薪酬委员会，由管理团队讨论并提出新的薪酬思路，争取建立一套能够引以为傲的企划公司薪酬制度。

2015 年 8 月 ×× 日

明确目标

创业以后，我有幸就企业管理接受了各种专家顾问的指导，船井综合研究所的平川先生就是其中之一。

他教导我，使企业保持活力需要四个要素。

（1）明确的目标

（2）简单的组织

（3）集思广益

（4）奖惩分明

关于明确的目标，我近期经常感到它真的很有必要。CCC 不是从事单一业务的企业，而是需要企划、开展多项业务，如今，整个企业已发展为一家拥有 70 家子公司、3500 名员工的集团公司。我们以企划贡献于世界的理念，以及致力于成为世界最好的企划公司的目标，都从未发生过改变。

不过，仅凭理念性目标，是无法激励和评价员工的。于是，我们给每一个团队，或者说每一项业务、每一家公司，制定了明确的目标，从而努力发展至今。

关于 2011 年通过 MBO（管理层收购）融到的 1000 亿日元债务，我提出了今年削减至 300 亿日元（净债务）以下的目标。之所以这么定，是因为 CCC 集团近几年创造的现金流已经超过了 200 亿日元，若能削减至 300 亿日元的话，那就等于实现了实质上的零负债状态。

从我个人的例子来说，为了能在 6 个小时内跑完 12 月份举行的火奴鲁鲁马拉松大赛，我正在做各种训练，也希望体重能尽量减至 72 千

克以内。为此，我特别注意饮食和运动。

如果每一项业务、每一个团队、每一个人，都能拥有明确的目标，不但能够提升干劲，还能便于评价。

有了明确的目标，执行者可以根据目标要求获得酬劳，管理层可以通过目标实现激励。

而奖罚分明的实现，也离不开明确的目标。

一个充满活力的团体，一定有它的道理。

2015 年 8 月 ×× 日

简单组织

当一个人得知某个好消息后，就会想要告诉别人。

当一个人有了拿不准的事情时，就会想要听听别人的意见。

也就是说，在信息流动的过程中，“别人”是关键词。

企业的信息流通也是如此。若能明确应该告诉谁、听取谁的意见的话，信息的流通就会较为顺畅。若不能明确，信息的流通就会不顺畅。

与人数的多寡无关，只要明确组织、团体的作用，越是简单的组织、团体，信息交流越通畅。信息与血液一样，血流不通畅会影响身体健康。所以比起身体的大小，血流的速度更为重要。

我们的董事长办公室（宣传）如今也只有6名员工，在拥有3500名员工的集团企业中，这种规模的董事长办公室是极其罕见的。不过，也正是因为人数少，所以每一位员工的职责、任务都非常清晰，比如该向谁传达什么样的信息，或是发生问题时该与谁协商，这些都规定得清清楚楚，可以放心地共享信息。

如果人数越来越多，就需要进一步分担工作，大家就越来越弄不清楚该向谁传达什么，和谁商量什么。

所以，我们需要建立由少数人组成的简单组织。

今年，CCC 集团引入了阿米巴经营管理模式，希望每一位阿米巴的领导，都能努力建成一支少而精的简单团队。

2015 年 9 月 ×× 日

奖罚分明

公司组织在轻井泽进行集训时，某人说了这样一句话："人是一种喜欢被他人表扬的动物。"

有些人为了生活而工作，有些人则视工作为自我实现的其中一步。所以，奖罚分明的实际内容也因人而异。

对于为了生活而工作的人来说，薪酬是需要考虑的首要因素；对于强烈渴望得到团队认可的人来说，比起薪酬，评价才是更为重要的考虑因素；对于为了实现自我而工作的人来说，立场、权限才是更为重要的考虑因素。

不管是哪一种，人都渴望得到切实的评价，以及与工作相符的报酬。

为此，我们既要明确每一位员工的工作任务，又要使薪酬与其所创造的价值联动起来。

比起速度快慢、擅长或不擅长，是否按照约定完成了工作、距离承诺完成的目标还有多大差距才是更应该把握的。因为把握不清这些的话，是无法对员工进行评价的。也就是说，如果不能明确每一位员工的工作内容及完成量，是不可能实现奖罚分明的。

要想建立一支充满活力的团队，必须明确每一位团队成员需要发

挥的作用（简单的团队），以及需要实现的数字（明确的目标），还要拥有实现这些必不可少的团队协作能力。无论少了哪一点，都建立不起一支充满活力的组织或团队。若想实现团队成员与领导的相互信任，必须同时具备这几个要素。

需要强调的是，比起实现上述要素的能力，使大家充满活力、坚定信念更为重要。正所谓“祈求吧，那样，就可以获得上帝的庇护”，打造一支充满活力的团队也是如此。

2015 年 9 月 ×× 日

有感于日本队在橄榄球世界杯大赛中的表现

得知无法进入半决赛的消息后，日本橄榄球队主教练埃迪·琼斯在与美国队交战之前说了这样一句话：“我们要成为该赛史上首支以 3 胜的成绩在小组赛中被淘汰的队伍。”

打败两度夺冠的南非队，并在第三场比赛中大胜萨摩亚队的日本队，却陷入了即使在最后一场小组赛中战胜美国队，也无法进入半决赛的尴尬境地。这时，身为日本队主帅的琼斯教练却提出了留名于历史的明确目标，不禁让我被他的领导力深深折服。

此外，选手五郎丸也表示：“希望大家能为身着日本球衣，为日本队而战的外国选手加油打气！”以此表达了希望外籍队友也能获得相同赞美的想法。

而最让我感动的是，包括替补队员在内的所有球队成员，真的拧成了一股绳。

在 CCC 里，因业务领域不同、立场不同，而相互之间不理解，从而独立开展工作的情况并不在少数。

在橄榄球运动中，前锋与后卫的作用是不同的，而连接前锋和后卫的前卫，与他们的作用又不一样。这些作用、站位、体格皆不相同的 15 名队员，却能如沙丁鱼群化身为一个生命体游动一般，齐心协力作战。一想到自己抢不到球的控制权就会给队友造成麻烦而拼命抢球的前锋，因为相信前锋一定能抢来球而急速奔跑的后卫，为后卫提供持球支援的前卫，所有人都坚定地相信彼此，速度由此而生。

无论选手能跑多快，若不相信队友能够给自己传来球，是不会拼命奔跑的，若不是为了队友，跑累了就会走路。没有出现一丝上述情况的日本队，能够战胜体格、经验都占上风的强队，恰恰是因为彼此信赖。我认为，这就是所谓的“日本风格”。

这让我不禁反思，CCC 集团应该向日本橄榄球队学习，努力精进为一个更加团结的队伍。我相信，CCC 集团拥有成为一支更加出色团队的潜力。

2015 年 10 月 ×× 日

公司掌门人的必备条件

64岁以后，我经常会被人问到这样的问题：打算让谁做接班人？选好下一任董事长了吗？

每每这时，我都会思考，身为掌门人的必备素质、能力是什么。

组建团队开展工作以后，公司加入了非常优秀的销售人员、非常优秀的企划人员，还有非常优秀的支持人员，通过大家的团队协作，完成了一个又一个目标。

所以，即使自己什么都不会，只要具备提升整个团队工作效率的能力，就是具备领导力。这种情况在大型企业里很常见，比如有些人虽然不了解一线业务，却因具备卓越管理能力而被提拔为董事长。

当然，也有像日本橄榄球队前任主教练埃迪·琼斯那样的团队领导，既做过橄榄球运动员，又具有卓越领导能力。

我从优秀的公司领导身上，经常看到这样一个共同点，那就是挺直了身子，拼命维护员工、客户的利益。

虽然非常优秀，但不知挺身维护员工，我是不会让儿子去这种老板的公司工作的。我也绝不会和不懂维护客户利益的老板所开的公司合作。

也就是说，一名合格的领导，既需要具备一定的能力，也需要具备一定的决心和精神准备。这种决心、精神准备不但能够使员工安心工作，还是实现团队合作的基础。

反言之，无论多么优秀，如果没有维护员工的决心，只想着让员工维护自己，这样的领导是实现不了团队合作的。

有的人成为领导，可能正是因为他所具备的决心、精神准备。

这种决心、精神准备，到底是因其所处立场而产生的，还是人们

天生自带的呢?

从我自己的经验来看，我认为是因立场而产生的。

昨天我见到了梅田茑屋书店的龟井店长，不知为何，总感觉他比以前好看了。

2015 年 11 月 ×× 日

第三章　企划

戛纳电影节与凯恩斯

因日本导演河濑直美凭借《原木之森》获得了仅次于金棕榈奖的评委会大奖，所以“戛纳电影节”成了近期的热门话题。4年前，我曾在GAGA公司老板藤村先生的引导下，参加过一次戛纳电影节。我的整体感受是，与评选已上映影片的奥斯卡金像奖不同，戛纳电影节活生生地诠释了凯恩斯提出的“价格由供求决定”的理论。

西方影片为“电影”的代表，电影也产生于西方世界——美国（电影的发明者是无人不晓的爱迪生），起初只能在美国国内上映，但独立的电影公司现在可以向海外出售电影版权了。

可是，考虑到由电影公司单独向各国出售影片版权的交易方式效率非常低，加上版权卖得越贵，电影公司的收益也就越好，于是好莱坞的人们想出了一种无须支出经费，即可高效出售影片的方式。这种方式的集大成者，便是距今约60年前的1946年起步的戛纳电影节。

也就是说，这其实是一场在某个时间段内，将全世界的电影买主聚集一堂，集中向他们宣传各种影片，然后由他们统一竞拍，以此提高影片售价而举办的活动。

我在戛纳电影节上最意外的体会是，有一部（没有剧本，只有角色和片名，而且也不知道何时能够完成的）影片卖得非常好，为了不被其他公司买走，一家日本的电影公司不断提价，使这部影片的价格一天比一天高。

还有一部日本动作电影，前一夜售价为 1 亿日元，第二天早晨涨至 1.2 亿日元，夜里又涨至 1.5 亿日元。几天后，这部影片甚至涨到了 3 亿日元。

包括日本在内的世界各国的电影公司的买家（有预算的人），不但可以与演员一同在豪华别墅（阿拉伯人拥有的豪华别墅也会在电影节期间租出去，房租约可达一周 800 万日元！）内用餐，还可以在豪华游艇上享受饕餮盛宴，每天晚上还可以参加在沙滩上的帐篷中举行的舞会等。总而言之，他们可以在这里度过一周被服务得无比周到的时光。

当然，在戛纳的生活也是演员们释放自我的好机会。能够近距离地欣赏到全世界演员的快乐身姿，也是戛纳电影节的魅力所在。

不仅如此，戛纳电影节结束后，出席电影节的演员们还会乘坐电影公司准备好的豪华私人游艇来到摩纳哥，在酒店观赏 F1（世界一级方程式锦标赛）摩纳哥大奖赛。

这些都是为了聚集全世界的电影买家而特意设置的环节。

好莱坞的电影公司为了从全世界吸引优质买家，充分发挥了演员的作用。而为了召集到好的演员，又特意策划了电影节（比赛环节）。

顺道说一句，当我身着燕尾服走在红地毯上时，走在我前面的竟是著名演员妮可·基德曼！

如果日本的买家以10亿日元的价格（约为制作费的10%是日本的市场行情）买下一部影片的话，那么对于片方而言，不但可以回收所有成本，还可以向日本以外的国家的买家描述日本以多少钱购买了影片，也就有了更有说服力的依据。

电影公司不仅可以通过电影赚钱，还可以通过电影节相关视频赚钱。日本已经开始了针对这一市场的收视率监测（RENTRAK），而这正是我们CCC集团开创的。

不仅是聚焦于电影，好莱坞为了扩大视频市场的收益，开始在戛纳招待视频相关从业者，使戛纳电影节呈现出更加活跃的趋势，它甚至已经发展为与奥斯卡并称的全世界最著名的两大电影节之一，使好莱坞的电影产业成为美国两大贸易顺差产业之一（还有一个是飞机产业）。

正如犹太人在资本主义中打造了证券市场一样，好莱坞的人们也在身为知识资本的内容经济领域打造出了一个新市场。如此一来，我们就可以通过所有媒体，如电影、电视、DVD（数字激光视盘）等，享受到好莱坞电影带来的乐趣，茑屋书店也随着好莱坞的发展而发展至今。

戛纳电影节能让企划公司从中学到很多，明年，我还要去好好游玩一番，因为真的受益匪浅。

我4年前出席戛纳电影节时，不但提前收到了出席人员名单，入住的酒店还提供了许多免费介绍期刊，而且主办方每天都会制作当日抵达嘉宾的特辑，非常巧妙地刺激了每位来宾的神经，真的很厉害……

2007年6月××日

最近的思考：未来不是过去的延续

上周四中午，T积分重要合作方的管理团队来到了我们公司。该公司是这一领域的世界第一。自创业以来，该公司就拥有了成功的商业模式，实现了销售额的持续增长。

可是，在我们边吃午饭边聊天的时候，他们却提出准备改变商业模式的想法。

从发展实体商业的公司来看，顾客在互联网上的购买行为与实体零售业是完全不同的。在互联网上，通过价格做文章的方法已经不管用了，因为网上已经出现了kakaku.com等专门搜索价格的专用网站。可是，要是按照网购价出售实体店商品的话，实体店就无利可图了。

在我看来，“实体店无利可图”的想法本身不就是陷入“过去成功商业模式”的圈套里了吗？

顾客不是为了店铺而存在的，但店铺是为了顾客而存在的。我起初开的唱片租赁店就是如此。唱片售卖店的人无法理解这种新兴的商业模式，但是顾客非常喜欢，从顾客的角度来说，这是非常可贵的存在。

同样的变化也在互联网的世界里发生着，谁也无法改变这一潮流。

所以，我的提议是，不要被过去的商业模式束缚了，而要以顾客为中心进行思考，出售能被 kakaku.com 推荐的商品。我们只有创造出一种即使在这样的条件下，也依然能够赢利的新型商业模式，企业才能够继续发展下去。

当天，我企划出了这一“新型商业模式”，并向对方进行了提案。

如果企划公司是通过新平台的企划获得收入的，那么当我今天提出的新型商业模式转化为现实的那一刻，钱将会自动进入 CCC 的口袋。那时，既能使顾客满意，又让合伙公司增加了收益，如果 CCC

也能因此获得专利费的话，那就真的是皆大欢喜了。

可是，一旦有了稳定的收入，以及现有业务有了收益，就很难站在顾客的角度企划出新商业模式。

所以，我最近在想，CCC 必须成为一家被社会需要的企划公司。

2010 年 3 月 ×× 日

企划力的源泉

今天，我在霞关的政府官员们面前，就今后住宅的发展趋势进行了演讲。

从我平时的生活情况来看，我并非能够就饮食、居住等进行提案。可是，我的企划却又都是在这种既没经验也没知识的状态中产生的。图书馆的企划如此，宠物店的企划如此，家电商店的企划也是如此。

所以，当我于几个月前接受就这一主题发表演讲的邀请时，心情是无比沉重的。

可是，随着演讲日期的临近，我开始站在聆听者的角度，站在居住者的角度，站在地产开发商的角度，思考未来究竟需要什么样的住宅。

不管见到谁，我都会随口问一下“你想住什么样的房子”“你的家是什么样子”之类的问题，而且，我还会重新审视自己的住宅。

总而言之，我使出了浑身解数，思考新型住宅的发展趋势。仔细想来，就算思考住宅问题的专业人士非常了解住宅，也还是会有不了解的地方。如果本质问题恰恰深藏于不了解之处的话，那么能够了深入挖掘到什么地步，将成为胜负的关键。从这个意义上来说，虽然我对住宅、饮食并不了解，但只要我尽全力去做，这个问题是一定能够解决的。

思考日本的未来、东京的未来或是武雄的未来时，我的脑海中浮现出了对于未来住宅的构想。

今天，我把只有自己才能看得见的风景在众人面前讲了出来，深获好评。

此时，我发现了一个比刚刚接受演讲邀请时，更能清楚看到日本住宅未来的自己。

我讲的故事都是从这样的体验中产生的。自创业以来，我多次经历了因为接受了超出自己能力范围的演讲邀请，从而提升了企划能力的情况。今天，我的企划能力一定又进步了不少。

或许，企划力的源泉恰恰在于接受己所不擅之事的勇气。

2013 年 11 月 ×× 日

我喜欢说：尽快！

这里的“尽快”，指的是尽快做好各种报告书、企划书的意思。

对于未安装程序或是未输入数据的电脑，无论将电压提高到多少，无论花费多长时间，结果都是一样的。人也是如此，无论如何拼命思考，无论获得多长的准备时间，所产出的结果也都是一样的。

所以，我通常会要求下属，“尽快”产出。有了产出，才有了从拥有不同数据之人那里获得建议的机会，结合了他人的建议，才能做出更好的企划。

可是，人们总渴望得到认可，尤其是位高权重之人，为了获得好评，总希望凭借一己之力交出一份好企划。

然而，从制作一份好企划的程序来看，这么做纯属浪费时间。所以，企划的质量与你是否知道如何从他人处获得更多信息成正比。要时刻保持谦虚，知道自己的数据、程序仍有许多不足之处。也正因为如此，我总是把自己的想法画在纸上，然后听取别人的意见。

坚持着，坚持着，我发现自己将想法呈现于纸面的能力、表达能力、制作 PPT 的能力都在不知不觉之中提高了。

2014 年 3 月 ×× 日

什么是生活提案

前几天，我向客户推销 T 卡时，被问了一个问题：“若用一句话概括生活提案的话，应该怎么说？我问了很多人，他们都不知道。所以想请教一下您。”

我当时立刻回答说：“生活提案就是展现充满活力的生活印象。”在我看来，“生活”就是 lifestyle，翻译成日语，就是“文化”。比如“江户文化”就是江户时期的人们住在什么样的地方，穿戴什么样的服饰，用什么餐具，吃什么食物，或是过着什么样的夫妻生活等。当时的整个“生活方式”，都是江户文化。

时至今日，人们依然有着自己独特的生活风格。就好像我也有自

己喜欢的房子、喜欢的车、喜欢的装修、喜欢的时尚，这就是我的生活风格。

在贫困的年代，生活风格没有那么丰富，基本只有一种类型。可是到了富足的现代社会，生活风格呈现出高水平化、多样化的发展趋势，从而被进一步细分。所以，以前所说的生活提案与今后社会需要的生活提案方法不同。也就是说，我们从通过电视、杂志向多数人提倡某种生活风格的时代，过渡到了必须向多样化的个人提出一对一的生活风格提案的时代。电视、杂志等广告收入下降的原因，正是这一变化趋势所致。不了解每一个人生活风格的种类、方向、水平的话，是做不出有用的提案的。

所以，我们需要数据库，需要毛谷村等数据库市场营销研究所的人们，针对各种人的生活方式，努力制作一套标准出来。

我用这些话，向提问的人进行了解释，他连声称赞道，这就是他们一直在寻找的解决方案！这令我受宠若惊，因为我说的这些只不过是 CCC 最普通的思考方式而已。

2014 年 3 月 ×× 日

企划的精髓

企划的本质是协调顾客价值、收益率、员工成长、社会贡献这四要素的关系。

打眼一看，顾客满意度与收益率似乎是成反比的，其实不然。就好像能够做出美味拉面的拉面店，一定会排起长队。虽然让顾客多等了一会儿，但只要能让顾客吃到美味的拉面（顾客满意），并持续为排队的顾客提供拉面的话，最终还是能挣到钱的。我想，利润的源泉是顾客，说的应该就是这个道理。

顾客排起长队以后，员工必须思考如何让排队的顾客尽快吃上拉面并解决这个问题，如此一来，员工自然会成长进步。而生意不好的拉面店的店员，工作不忙，无所事事，反而失去了成长进步的机会。

所以，企划的精髓，在于制作出能够获得顾客喜爱的事物。

我并没有什么特殊才能，只是一心站在顾客的角度，努力理解顾客的心情，寻找顾客真正想要的东西，然后把它制作出来而已。在二子玉川的项目中，为了弄清楚工作日的早晨，什么样的顾客会来，还有工作日的下午、傍晚及周日的早上、上午、下午、晚上的情况，我会一大早来到二子玉川观察。昨天晚上，我还跑到二子玉川，在它周边的住宅街道转了一圈又一圈。

转圈的时候，我时而想象自己是一名 20 岁的年轻少女，时而想象自己是一名大学生，时而想象自己是一名老太太。

我一边走，一边思考顾客对新店的期待是什么，企划内容中的哪一部分能够充分吸引顾客。再站在年轻女性的角度、学生的角度、年长富豪的角度……思考“想去那家店吗？”“不想去那家店吗？”或是“走哪一条路？”“欣赏怎样的风景？”“会想要走进茑屋书店？”“不

想走进茑屋书店？”等之类的问题。如果事先仔细琢磨过这些问题，那么开业以后无论出现什么结果，都不会让你惊慌失措、手忙脚乱，因为顾客定会给出满意的评价。

总而言之，店铺的营业额是可以通过努力创造出来的。而仅凭才能，是创造不出营业额的。

2014 年 5 月 ×× 日

我走到二子玉川的原因

在前几天的出版社采访中，对方就“增田先生的企划方法”进行提问时，我给她讲了自己走到二子玉川的故事。

策划江坂店时，我也经常骑自行车从枚方到江坂，当时也有人问过我这么做的原因。

我的回答是，比起开车，我更喜欢一步一步地走在街道上，与来来往往的行人擦肩而过，观察生意兴隆店铺内顾客的神情，思索某家生意惨淡的店铺不受顾客喜爱的原因。

再进一步说，我这么做，其实是为了一边观察街道上的实情实景，一边在脑海中思考每天在会议、邮件上获得的信息及企划方案。

将信息可视化，将看到的风景信息化。这样做出的企划将呈现得更为具体，因为有可靠的数据做支撑。

做出好的企划，靠的不是能力，而是努力。若只是接收信息的话，信息还是信息，如何将接收到的信息升华为企划，才是企划的关键所在。而且，这是任何人都可以做到的事情。

采访我的女士频频点头表示赞同，而这其实是我想对 CCC 的年轻设计师们说的话。

此时此刻的我依然坚信，企划，不是空想出来的，而是在某种心情、新获取的信息及最为重要的执着信念中产生的。

2014 年 5 月 ×× 日

森林、树木、叶子

明明已是忙中无闲，却还要乘坐今晚 10 点多的法航飞机，从羽田机场飞往意大利。

人，首先看见的是森林，其次是树木，再其次是叶子，最后，甚至能够看到叶子上的一粒灰尘。

想必很多人都听过这样一则小故事。有三个泥瓦工正在建设一座教堂，某位行人走到他们跟前问道：“师傅，您正在干什么？”第一位泥瓦工回答说：“我正在砌墙。”第二位泥瓦工回答说：“我正在为建造一所教堂而砌墙。”第三位泥瓦工回答说：“我正在为世界和平建造一所教堂。”

从表面上来看，三位泥瓦工做的都是一样的工作——砌墙，可他们的意识却各不相同。

同样，企划店铺时，如果忽略了为什么而开店的话，是开不出好店的。

企划二子玉川店时，我深入参与了每一个细微之处，无论如何，也要看到树叶上的灰尘。

每到此时，无论多忙，我都会想办法离开一段时间。这次的意大利之行也是如此，我要切身感受世界的变化，真正化身为一名顾客，重新思考位于二子玉川的店铺究竟应该呈现出怎样的形象，发挥出怎样的作用。

我想一边坐在意大利葡萄酒酒庄品尝美味的红酒，一边在思想的海洋里遨游。

不过这样一来，我这周末就没有时间在 ASO 餐厅的阳台上沉思了……

2014 年 6 月 ×× 日

展示前的准备

当我需要准备向客户展示用的PPT时，我会先让董事长办公室的石仓制作一份“初稿”。

若对方是第一次见面的客户，或是我需要展示企划方案，我会告诉石仓我想要传达的重点、关键词。如果是普通的展示，那么无须我多说什么，石仓自会把基本的资料制作出来。

如果资料做得还不错，我会让他把整份PPT打印出来，然后站在客户的角度，仔细查看一遍，删除啰唆的地方，将不易理解的地方改得更便于理解。

最为重要的是，在从头到尾过一遍之后，我会闭上眼睛，回想自己想要传达的内容是什么，然后重新站在客户的角度，体会客户的心情，以此思考究竟应该用何种方式表达。

接下来，我会一边在脑海中模拟按照怎样的顺序说明能让客户最为兴奋、多长的发表时间更为合理等，一边进行最后一次调整。讲到这里，客户可能会提出这样一个问题；讲到那里，应该让大家休息一下。宛如自己正在和看不见的客户交谈一样，集中精力想象一切有可能出现的情况。

一遍又一遍地翻看做好的PPT，设身处地地理解客户的想法、心情。记住那种感觉，然后带着那种感觉站在客户面前。那时，我已经对客户心情了如指掌。

因为要讲的内容、PPT上的内容已经完全印在了脑子里，轻轻点击一下，我便知道PPT上出现了怎样的画面，我该讲怎样的话，所以我完全可以把精力集中在听众的反应上。当他们有不明白的地方时，我会马上发现；当他们深表赞同时，我也会感同身受，也就愈发明白接下来该说什么内容。

就这样，在我越讲越精彩，客户越听越投入的过程中，展示的截止时间到了。

我的展示不是解释 PPT，而是尽可能透彻地传达我想要传达的内容。不局限于某种固定方法，而是尽可能地用多样化的方法来表达。

我想，如果每一个人都能这样进行展示的话，那么我们一定会成为一家非常厉害的公司。而且，这种方法并不难，只要想，就可以做到。

CCC 成为全世界最好的企划公司的目标也必将会实现。

2014 年 6 月 ×× 日

不为人知的增田企划手法

在拿下代官山地块后考虑该做一个什么项目时，我首先做的是，以顾客的身份，和私人教练一起，在地块周围一圈一圈地跑步。我们每周都去跑步，而且是在不同的日期、不同的时间段去。

人在散步、慢跑时，更容易产生创意、想法。这是一位脑科学家在出席某电视节目时发布的实验结果。

的确，比起坐在会议室里思考，一边观察项目一边思考更容易开拓想象空间，尤其是走在街上，看着竞争对手的店铺，想法、创意会不断地涌出。

从某时起，我开始要求大家用手机记录自己的所思所想，然后发送到我的邮箱里。过了没多久，我又要求大家用手机拍下自己在意的风景、店铺等。

昨天，我们还一起跑到了二子玉川，我让教练给我发了许多照片。昨天发现的主题是“周末的二子玉川几乎都是带着孩子的行人”。

我会在这些邮件中融入自己的想法，然后发送给与之相关的人。还会让董事长办公室的员工把手机拍下的照片做成PPT，作为企划书的素材。算下来，我每周收到的邮件将近100封，这些邮件成了我的企划源泉。

这便是不为人知的增田企划手法。

就连博客上的原稿，都是我萌生思路时，一边跑步一边请人记录下来的。

哈哈！

2014年9月××日

把员工调动起来

对于茑屋书店，我总是反反复复地强调一件事——开新店时，先从办公室做起！

在店里，毕竟是做生意，即使什么都不要求，大家也会尽量做到最好。

因为施工经常延期，所以大多时候是在既要搬运商品又要调整施工的慌乱之中完成店铺搭建的。走到办公室一看，商品、票据、清洁用品、施工垃圾等堆得到处都是，凌乱得几乎没有下脚之地。

经历了几次这种情况后，我便开始琢磨这到底是为什么。为了让帮忙开业的人们能够更顺利地开展工作，我认真规划了办公室，并且

把每天的工作计划、组织架构图都清清楚楚地贴在了办公室内。开业筹备时所需要的清洁用品、电话、复印机、办公设备等，都必须按照与开业后相同的状态摆放。一开始建办公室时，就要打造一个便于大家开展工作的环境。

公司的办公室也一样，为了让大家清楚打印用纸、办公设备的摆放位置，我明确指定了负责人，努力打造一个便于大家工作的办公环境。

对于企划办公室必备的书籍、杂志，我明确规定了每一本的固定摆放位置，还给每个书柜指定了负责人，争取让每一个人都能舒适地开展工作。这便是能够把所有员工都调动起来的，只有领导才能完成的工作。

虽然实际执行的是员工，但确定目标、明确职责划分却是领导的工作。

起码应该打造一个让员工舒适工作的环境，不然员工是无法舒心工作的。所以，在希望员工认真工作之前，首先应该做好领导该做之事。如若不然，员工是不会照办的。

仅有梦想，是实现不了梦想的。

2014 年 9 月 ×× 日

创造需求

今天，我在某公司新任董事长的就任宴会上，与代表日本经济界的企业家们站着聊天。

那位新任董事长发牢骚说，虽然当上了董事长，可是没赶上好时光啊……

我问他为什么这么说。

他回答说，在未来的10年里，会发生全球经济衰退。原因在于，在此之前，许多公司跨国建厂、开店，革新信息技术，普及电子商务，使供给量不断增长，可是与此同时，需求却跟不上供给的增速。也就是说，产品过剩、店铺过剩导致销售额难以提升的情况在未来会进一步加剧。

不仅如此，因为日本大型企业的收入主要依赖于海外市场，所以仅仅国内形势转好，企业业绩恐怕也难以提升。

还好 CCC 的销售额主要来自国内市场，从这个层面来看，我们应该不会直接受到世界经济不景气的影响。但受到世界范围内社会贫富差距日益增大、内容产品呈免费化趋势的影响是不可避免的。不过，我们自创业以来便倡导的“生活提案”并非加强了供给力，而是实现了需求创造，也就是创造类似于我想住在这样的房子里、我想以这种方式生活、我想去这样的地方、我想让孩子乘坐这样的电动车等的需求。

我们从事的是创造“需求”的工作。可能正是因为如此，我们才会收到如此多的茑屋书店、T-SITE 的开店申请。

我想，CCC 必须通过“生活提案”，跨越未来 10 年间世界经济形势中的艰难险阻。这真是发人深省的一次谈话。

2014 年 10 月 ×× 日

与固有观念开战

若能在咖啡厅免费阅读书店的书该多好啊！出于这样的想法，我们构思了咖啡书店。可是，策划之初，谁都不认为可以把书店的书拿到咖啡厅坐着翻看。但在如今的代官山，这已经成了理所当然的事情。

今天早晨，湘南 T-SITE 开业，我去里面的星巴克看了看。策划湘南 T-SITE 的人坚信顾客们会拿着书到星巴克阅读。可是，湘南的顾客并没有类似的行为，没有一个人主动拿着书走进星巴克阅读。于是，改变顾客固有观念的战役就此打响。

此外，虽然湘南的咖啡书店的开店时间为早上 7 点，可是湘南的顾客都不认为书店会在早上 7 点开门，今天早上也是，到了 10 点，店里才开始进客人。所以，改变书店 10 点开门这一固有观念的战役也就此打响了。

在 CCC 也是如此，“公司应该是这样的”“工作应该是这样的”等固有观念，是 CCC 成为世界第一企划公司之路上的绊脚石。

总而言之，所谓革新，就是与固有观念开战，创造出新常识的过程。我一边观察着新店，一边如是思考着。

2014 年 12 月 ×× 日

做出一年后的企划方案

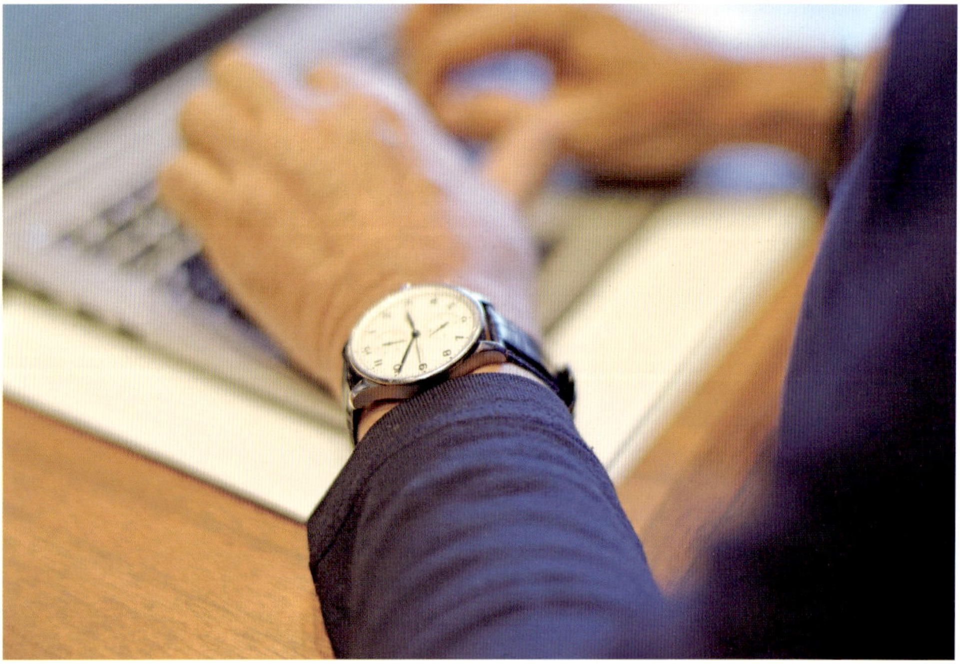

上周举行了两个一年一度的活动。分别是茑屋业主大会（TOC）和T积分区域联盟代理店大会。

我每次都会要求会议相关负责人在会后立刻进行反思总结，并且指导他们于当天立刻完成新一年度的会议企划。

之所以这么做，是因为地面活动的当天，可以亲眼观察到顾客的反应，当场产生各种思考，冒出各种新想法。

今年犯下的错误，来年就不应该再犯。今年做得好的地方，来年该如何做得更好。在执行的过程中，自然会出现许多新的想法、做法。

如果企划是信息组合的产物，那么在信息量最大的那天制订出的新年计划理应是最正确的。而且，与其在一年结束后思考明年想做什么，还不如在此时此刻思考明年该做什么，这样才能提升企划的品质。

会议结束后，我会立刻看一遍所有感想稿，把发现的问题输入电子表格并进行分类，然后总结出明年的企划方案。

在明天的茑屋书店会议上，我们将就新一年度的茑屋企划展开一波头脑风暴。我会和大家一起分享各自所写下的发现，一起制作出明年的企划。

2015年2月××日

真正的咖啡书店

虽然是工作日，但是今晨的代官山 T-SITE 依然挤满了客人。一个原本几乎无人通行的地方，如今已变成颇受欢迎的商业场所，不愧是代官山的茑屋书店为了做出优于竞争对手的产品，花了长达 3 年的时间仔细分析之后才着手挑战的项目。这种结果是理所当然之事。

咖啡书店就是我站在顾客的角度构思出来的。我想，若能在景色优美的咖啡厅，一边喝着咖啡，一边读书，那该多好啊！

与此同时，有人会琢磨干什么能赚钱，想着想着，发现了颇受顾客欢迎的咖啡书店，于是模仿其形开了一家类似的店铺。

前者在进入发展逆境时，会尝试站在顾客的角度，思考如何做才能让顾客度过更为美妙的时光，从而不断改善。可是，像后者那样完全模仿他人的公司，却只会思考为什么发展得不顺利，为什么挣不到钱。所以，这样的公司根本找不到改善方法。

我们常听到这样一句话："车到山前必有路。"但那些企图通过模仿别人来获利之人的面前是不会有路的。

店铺是为顾客而存在的，赚钱只是结果——坐在代官山咖啡厅喝着咖啡的我，突然想起了前辈的这句教导。

2015 年 3 月 ×× 日

CCC 未来的工作

在某个会议上，大家就“感受未来”这一主题进行了交流。

我对未来是这么想的：未来，是由人创造的，离开人之本质的未来是不存在的。

人是由头、心、身构成的。

于身体，人们通过类似于诱导性多能干细胞这样的生物技术，提升了肉体的可能性。于头脑，电脑的发明及谷歌等解决方案的产生，大幅提升了人类的知识生产效率。可是于人心，却没有能够提升其功能的解决方案！？

最近，我常常这么想：进行生活风格提案的CCC，其实承担了这一部分的作用。

如果头脑是思考自己的事情的，心是思考他人的事情的话，那么增强“利他心”，便是CCC的使命。

日本文化中的待客之道便是利他心形式化的产物。日本的和食、建筑等，也几乎都是以利他为前提的。

所以我认为从这个意义上来说，日本的生活风格已经获得了全世界的支持，而将这样的生活风格提案给全世界，或许会成为CCC未来的重要工作。

2015年6月××日

答案，看似对方给出，
实则由你自己决定

最近，我们在同时运作几个能够左右公司命运的大单子。

昨天，其中的两家客户来到了我们公司，一家回复说“我们决定采用你们的方案”，另一家回复说“我们决定不采用你们的方案”。

虽然后者的答复让在场的人有些不知所措，但是我心中明白，客户的答复其实并非是客户给出的，而是CCC的工作结果使客户做出了这样的决定。换位思考一下，若是好的方案，客户自然会采纳，若是不好的方案，客户自然会放弃。当然，在营销方面多下功夫固然重要，但我们的提案对于客户而言是否具有价值，才是其做出决定的关键。

今天，代官山一大早就开始下雨，可是，中午雨刚停下一小会儿，

就来了许许多多的顾客。像代官山这样算不上交通便利的地方，而且还是下雨天，却有那么多顾客愿意过来，我想，它一定拥有让顾客认为值得来的价值，而绝不是因为有促销活动或是地理位置好。

对于客户公司的提案也是如此，无论报价多高，无论多么有难度，只要客户公司认为有价值，他就会回答：“我想要，就这么干吧！”之所以会被客户拒绝，其实都是因为我们提出的企划方案没有足以吸引他们的价值。

所以，CCC 只要在如何提高产品价值方面多下功夫即可。

相信我们会迎来客户说“请你们来做吧”的那天。

2015 年 8 月 ×× 日

有艺术感的生活提案

我正在构思一家“世界第一”的艺术书店。

让我想要这么做的契机，是“存在于世界上的一切东西皆为艺术”这一假说。还因我认为，身为生活提案公司的我们应该成为全日本最了解艺术的集体。决定投资美术笔记本事业，也是因为如此。

公司名 Culture Convenience Club 中的 Culture 翻译为“文化”。《广辞苑》[①] 中“文化”一词的含义是生活方式，也就是 lifestyle。

如今，日料、动漫等日本文化受到了来自世界的广泛关注。在入境游方面，如果访日外国游客数量急剧增长的话，我们就必须要把日本文化做到极致。

比如生活方式中的衣食住，以其中的“住”为例，日本的神社、佛院，尤其是桂离宫及其茶室等是非常有名的。而在设计方面，日本的建筑师往往也是全世界疯抢的对象。

我认为建筑也是艺术，所以在我正在构思的艺术书店中，我打算备齐建筑师的书。比如，隈研吾先生的书，粗略一算，应该已经出版了 100 多本了。虽然隈研吾先生在中国也颇受欢迎，但是世界上还没有一家集合了隈研吾先生所有作品的书店。

不仅是隈研吾先生，我想把所有日本著名建筑师的书籍都作为艺术品，集合到一家书店里。我想在书店里集合弗兰克·盖里、雅克·赫尔佐格和皮埃尔·德梅隆、弗兰克·劳埃德·赖特、勒·柯布西耶等所有建筑家的书，以一种把建筑视为艺术的感觉。

虽然人们已经把日本刀视为艺术品，但我更想把日本的菜刀也视

---

① 《广辞苑》：日本最权威的日文词典之一，由岩波书店出版。——编者注

为一种艺术，而不是烹饪工具。

不仅是关于艺术的书，我还想在店里销售真正的艺术品。也就是由我们自己开展美术馆事业，就好像几年前开始的 Art in the office（办公室的艺术）活动的扩大版一样。

正如昨天举行的 T-Venture Program（T 创业计划），从明年开始，我打算举办支援日本年轻艺术家的艺术大奖赛。不管以何种方式，我都希望我们能以企划公司的身份为早日实现“关乎生活的一切事物都能成为艺术”之生活做出贡献。

2015 年 12 月 ×× 日

企划必须满足的四个条件

企划公司的工作，是企划出世界上本不存在的事物，并使之以物的形式存在。

32年前，日本还没有茑屋书店。4年前，代官山也没有茑屋书店。存在于世界上的事物，其实全是经过企划、验证才得以存在的。汽车是如此，电脑是如此，手机也是如此。

最近，我再三叮嘱各门店负责人，身为企划公司的CCC制作出的企划，若不满足四个条件的话，是不可以作为企划方案出售的。

这四个条件分别是：

第一，具有“顾客价值”，也就是企划方案能够获得顾客的支持；

第二，具有让有钱的人想要购买的“收益性”，也就是“能够畅销的企划”；

第三，该企划的实施有助于员工及与企划相关人员的成长进步，也就是能够帮助公司成为世界最好的企划公司；

第四，该企划可以使社会变得更好，也就是能够为社会做出贡献。

CCC 只能做同时满足这四个条件的企划。除了赚钱就是赚钱的买卖，能讨顾客欢心却要让公司赔本的业务，店铺赚得盆满钵满却要让员工筋疲力尽的生意，这些都是我们不能做的。

同时实现这四个相互矛盾的价值，极其不易。也正因为如此，能够制作如此企划的人才是极其珍贵的，而拥有能够培养出如此企划人才机制的企划公司也是必不可少的。

创业之初，我定下的那个“成为全世界最好的企划公司”的朦胧目标，如今终于可以如此具体地描述出来了。32 年的时间与历史，才凝结出了这样一颗果实。

2015 年 12 月 ×× 日

总结企划注意两点

CCC 的企划要满足四个条件，正如我昨天所写的那样。

总结企划时，我通常会在意两点。

首先是转化为物之前的企划，用一个词来表达，就是“概念”。为了把概念转化为具象的东西，我经常用功能、形象来表达。也就是说，当我产生一个关于杯子的新想法时，关于“功能”，我会明确它能装多少液体，关于“形象”，我会明确它触感如何、用什么材质，或是如何设计等。明确功能、形象，可以使概念变得更加具象。

其次，为了向他人传达、实现这个概念，我通常会用“4W1H”来表达。举例来说，我会明确规定何时（when）、何地（where）、由谁

（who）对什么样的东西（what）做什么（how）。这样不但可以加深相关人员对此概念的理解，还能呈现出具体的形态。

话说回来，概念不是由形产生的，而是由人们“要是有一个这样的店铺该多好”“要是有这样的商品、这样的服务该多好”“要是有这样的系统、这样的公司该多好”等想法产生的。

而在将无形的概念化为有形之物的过程中，最为重要的就是“执念”。若没有执着的信念，将无法解决有可能出现的各种问题。只有拥有强烈的执念，才能将企划实现。没有执念的人，就算有再多的钱、再多的员工、再多的经验，也绝对做不出好的企划。

这与年龄无关。愿更多的年轻人能够勇敢地挑战企划。我供职的前一家公司让我负责轻井泽商业项目企划工作的时候，是在我进入公司第二年的春天。

2015 年 12 月 ×× 日

ファッション
FASHION | 时尚

开店之法

为了能够站在顾客的角度，构思出顾客最想去的地方是什么样的，制作代官山项目的企划方案时，我每周都会坐在ASO餐厅的室外露台上，一边任由思绪驰骋，一边撰写企划书。其间，我发现了从ASO餐厅前经过的路人的特征。

首先，带宠物的人、有钱的老年人、年轻的女性比较多。其次，乘坐外国豪车来到这里，一边欣赏着自己的爱车，一边喝咖啡的顾客也比较多。另外，推着婴儿车的母亲也比较多。

想象一下养宠物之人的生活，每天都要照顾宠物的吃喝拉撒睡，还要陪着宠物散步，他们渐渐发现，起初散步时的快乐，突然变成了疲惫、繁忙。所以，如果能把每天的痛苦时段变成每天的欢乐时光，让带宠物散步变得更加快乐——比如，能够和像自己一样的爱宠一族聊聊天，能够有一家宠物店，或是有一家宠物托管店——那该多好啊！结果，我们把代官山的T-SITE打造成了带宠物散步的圣地，使这里成为能够看到世界上各种名犬的地方。

如果真的使这里变成世界第一的宠物散步胜地的话，那么下一个问题又来了——附近的咖啡厅坐不下，餐厅、宠物理发店很难预约。于是，为了尽可能让更多的顾客感到快乐，需要在增加座位数量、研发便捷的预约系统等方面下功夫，让顾客的等待时间也变得快乐。

去代官山的餐厅吃饭，如果没有预约的话，至少要等1个小时，其受欢迎程度可想而知。但是，在艾维餐厅（IVY PLACE）办理完预约手续的顾客，无须在店内排队，完全可以一边在T-SITE闲逛，一边等待。

因为有了能够想到这些的企划师，顾客才会感到幸福，才有更多的顾客变得更加幸福，社会也因此变得幸福。店铺如此，街道也是如此。

不是单纯考虑地区建设，而是努力实现每一个人的幸福，这样既能使社会变得更加快乐，还能挣到钱。能够构思出这样企划的人，大多都有如佛一般的美丽面庞，想必，这定有原因。

2016 年 1 月 ×× 日

为生活提案而工作

前几天，某位艺术家邀请我们去他家里做客，还说要亲自下厨露一手。周六晚上 7 点，我和公司艺术方面的负责人山下一起来到了这位艺术家的家中。

当时，我想到了一件事。在上周的某个会议上，我听某负责人对在轻井泽举办的“生活提案集训”计划进行了介绍，说将针对艺术、饮食、汽车等不同类别分别召开会议。

汽车杂志上有刊登手表广告的，男性潮流服饰杂志上也有“开车去泡温泉”这样第一眼看上去似乎与潮流服饰无关的主题。集训时，不应该分不同主题分别开会讨论。在我看来，关于汽车的企划方案既可以让美食达人听，也可以让艺术达人听，汽车方面的专家也完全可以听听艺术方面的方案。

之所以要这样，是因为在如今的社会，越来越多的人都认为汽车也是一门艺术。至于饮食，餐具本就是一门艺术，而在餐饮中融入艺术感，如精致的摆盘等，也渐渐成为一种趋势。

在我上大学的那个年代，衣服只具有御寒保暖的功能。正如当时

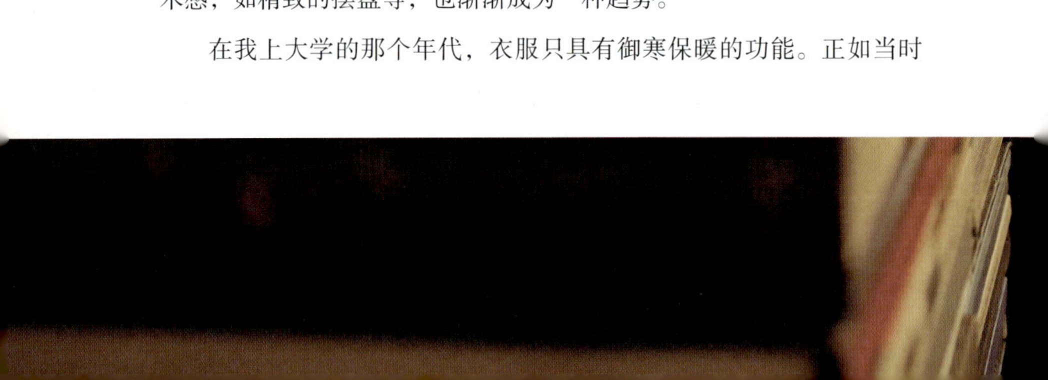

滨野安宏[①]先生说的那样："今后的所有服装都会朝设计化、流行化的方向发展。"我想，所有的生活用品也都会艺术化。也就是说，我们将从艺术即绘画、雕刻等美术品的时代，进入到住的房子、穿的衣服、开的车、用的餐具、家具等一切都呈艺术化发展的时代。

所以，我们不能把饮食和艺术分开，也不能把汽车和艺术分开。

在这位招待了我和山下的艺术家家中，我发现不单是他的作品，整个空间都仿佛是一件艺术品，无论灯光照明、装饰，还是他亲自设计的家具，一切的一切，都洋溢着浓浓的艺术气息。

还有，我们吃的饭菜全都是这位艺术家亲手制作，从食材的挑选，到呈现在我们眼前的烹饪时的动作，还有餐具、摆盘等，无不构成了饮食的艺术。

用餐开始于晚上 7 点，当我们开始品尝最后一杯咖啡时，已是夜里 12 点。长达 5 个小时的款待，包括谈话在内，没有一丝多余，简直就是一部完美的"作品"。

负责设计我在代官山的家宅及轻井泽酒店的池贝女士，为了让我明白建成后该如何用它们招待客人，她还特意给我介绍了可提供送餐服务的餐厅、可表演插花的女艺术家，而且还会在招待客人的当天派她设计事务所的相关负责人来从旁指点。在她的世界里，设计工作好像并不是在设计结束的那一刻终结的。

总而言之，我认为真正的生活提案不应分种类，而应贯穿于衣食住行等方方面面的生活印象。

---

① 滨野安宏：日本著名生活形态综合策划师，从事商业与地产策划。——编者注

在代官山，企划优质日常生活。在梅田，企划工作方法。未来，希望CCC能为“充满艺术气息的生活”“享受汽车乐趣的生活”等制作出更多优质的企划方案。

在我看来，无论制作什么样的生活提案，都不是只在脑子里想想这样做到底是好还是不好，而是要将自己认为好的东西，将自己经历过的好的体验，介绍给其他人，告诉他“这个很不错哟”。

我打心眼儿里认为，周六受到的艺术家的款待真是太棒了！能在池贝女士设计的房子里生活真是太幸福了！

最近，我见到大公司的董事长时，他们经常对我说，因为他们的公司总做不出好的提案，所以想委托CCC来做。可是，我认为CCC拥有的体验、信息依然太少太少。

既然立志从事生活提案领域，我就想因“这个很不错”的提案成为世界最好的生活提案公司。最近，我都是基于这一观点过周末的——为了寻找到更多的快乐和惊喜！

2016年1月××日

徒劳和失败可以转变为财富

仔细回想一下，走到今天，我们做了很多无用的工作。

比如，有公司请我们对国外一处面向顶级富豪的奢华酒店做设计，我们因此奔赴项目所在地考察，可是最后对方并没有让我们做。

推销 T 积分卡时，我们对各个行业做得最好的公司进行了详细的研究，还对相关行业市场进行了调查，可是我们的提案依然遭到了对方的拒绝。为魅力露营式生活进行提案时，我们也做了大量的市场调查，如今想来，真的是干了不少无用的工作。

可是，正是因为有了这些看似无用的经验、时间、开销，员工才积累了经验与知识，我们才打下了能够胜任高难度工作的坚实基础。

当时，我们一边唉声叹气，一边调整心情，继续努力。如今回想起来，当时的做法的确有些幼稚，但与此同时，我也发现，认真的付出终会成为公司的宝贵财富。

我一边与面前超级厉害的公司的超级大老板聊着天，一边回忆起了那些令人难以忘怀的过去。

2016 年 3 月 ×× 日

眼睛看到的风景，
其实并非来自眼睛

人，看似在用眼睛看风景，其实是在用头脑。

人，看似在用舌头品尝味道，其是在用眼睛。

人，看似在用耳朵聆听对方的话，其实也是在用头脑。

所以，即使同样的风景，在不同的人眼中也是不一样的。

人喜欢在风景中下意识地寻找其背后的意义。若是对自己有意义的风景，就会将其留存在记忆中。若是无意义的风景，就会选择将其遗忘。所以，即使面对同样的风景，不同人的看法也是不一样的。风景背后的意义，会因一个人的兴趣、意识、固有观念的不同而不同。

食物也是如此，如果曾经品尝过一道美味的菜肴，留下了深刻的印象，那么当同样的菜肴出现在面前时，美味之感便会油然而生。喝咖啡时，如果咖啡看起来很诱人，或是印有熟悉品牌的标识，那么我们自然会感觉那杯咖啡很好喝。也就是说，人喜欢用眼睛品尝味道。

同理，关于未来，即使获得了同样的信息，不同的人也会描绘出不同的景象。

最近，在与各种公司打交道的过程中，不同公司所具有的未来创造力常常令我惊讶不已，因为他们竟然如此不同。明明拥有同样的信息，但能够创造性地描绘未来的经营者、公司却少之又少。

若只是在过去的延长线上描绘未来，那么越挣扎越容易得到无趣的答案。若是不专业的外行人描绘的未来，即便一眼看上去似乎有那么点意思，也展现不出具体的形象。

但是与此同时，也有既能清晰描绘出打动人心的未来，又能清楚说出实现这一未来具体方法的经营者。

为什么会存在如此大的差距呢？

我发现，优秀的创意工作者、经营者都有一个相同点，那就是：不固执己见，经常保持谦虚听取他人意见的姿态，经常保持渴望获取新知的姿态；经常保持不是让自己满意，而是制作出对客户、对公司有价值的企划方案的姿态。

有了这样的姿态，自能领略与众不同的风景，做出美味的菜肴，创造美好的未来。

2016 年 5 月 ×× 日

爱彼迎与 CCC 的记者会

今天早晨11点，在9楼的CCC咖啡厅，我与全世界最大的房屋短期租赁网站爱彼迎的联合创始人乔·杰比亚共同召开了记者会。

晚上，我与客人吃饭时，立刻接到了朋友打来的电话："CCC又踩到地雷了！不过，这倒是符合CCC的做事风格。"

其实，公司里曾经提出过反对的意见，说为什么非要在这个时候做这件事，为什么不等相关法律修改好再做。但我还是决定在这个时候发布消息，因为我认为这才符合CCC的做事风格。

因为房屋短期租赁是当今的一项热门服务，加上爱彼迎的创始人和我都出席了记者会，所以在公司9层的记者会现场来了许多以电视台记者为代表的媒体人员。

我在记者会上的发言很简单，主要讲的是，日本进入了人口负增长时期，日本企业的发展变得愈发艰难。但是另一方面，以和食、富士山等为代表的日本文化却在世界范围内得到了认可，从国外来日本旅游的游客（入境）数量急剧上升，开始给日本的经济带来巨大的收益，可是，酒店、旅馆的数量并没有随之快速增长，这让日本人及外国游客感到了极大的不便。

日本进入老龄化社会后，空置房不断增加，渐渐发展成了严峻的社会问题。就好比京都的一些老房子，若能好好收拾一下，完全可以提供给外国游客住宿。如此，对于房东而言，多了一笔新收入；对于邻居而言，景观变美了，安全性也提升了。

2007年，过着合租生活的乔·杰比亚与布莱恩·切斯基恰巧碰到美国工业设计师协会在旧金山召开会议，于是，他们拿出自己房间里的床位，在网上刊登租房广告，为那些找不到住处的客人提供短期住宿服务，以此为契机，他们创造了爱彼迎。时至今日，他们依然与最开始的三位客人保持着很好的朋友关系。

如今，爱彼迎已经发展为在全世界拥有200万间房屋信息及累计用户8000万的世界最大短期租赁互联网企业。2014年巴西世界杯举办期间，在抵达巴西的50万名游客中，爱彼迎取得了为其中10万人解决住宿问题的傲人业绩。今年的里约奥运会，爱彼迎已经成为其赞助商之一。如今，爱彼迎在日本的登记房间数量为3.5万间，与全世界登记的200万间相比，仅占了1.75%。而日本人中知道爱彼迎的，也仅有15.9%，使用过爱彼迎的，更是只有1.6%!!

他们的经营理念不是“单纯的租房”，而是通过主人的热情招待，创造“与顾客之间的交流”。仅仅提供像日本民宿那样的房屋租赁服务，并不是爱彼迎的商业模式。可是，在日本，人们却都把爱彼迎当作仅仅提供租房服务的民宿。

有了主人招待客人的理念，就不会给附近的邻居添麻烦。

所以，我向媒体宣布说，CCC 将与爱彼迎进行合作，帮助爱彼迎纠正人们对它的误解，促进赴日游客数量增加，为日本经济的发展助一臂之力。

我们的目标是，发展日本式家庭共享（home sharing）。

此外，说起法律，像家庭共享这样的新服务，是 68 年前颁布《旅馆业法》时所没有的服务。所以，虽然目前尚无适用法律，这项业务需要在现行法律框架内运行，但是我相信，未来一定会颁布新的相关法律。

我认为爱彼迎与茑屋有几个相同点。

虽然茑屋也是从“生活提案”这一理念起步的，但如今依旧被世人称为“大型租赁商店”。在 33 年前刚开始创业时，唱片还被世人认为是“买来听”的东西，而秉持“供大家租赁共享”这一理念的茑屋，或许是日本共享服务行业领域的先行者。

乔·杰比亚在做爱彼迎之前，曾挑战过书店业，却以失败告终。他们历经一番艰难困苦，才得以创造了爱彼迎。而我在 33 年前的起点也是书店，从而有了今天。

我在记者会上突然觉得，这或许是冥冥之中，缘分使然。

2016 年 5 月 ×× 日

KOBE
日本の美仏
YUCARI
KINKAKU-JI
TEMPLE
GION
KYOTO
Meriken Park
OSAKA
CASTLE
日本の古寺300
全国の古刹を網羅
JAPAN
JINJA BOOK
NARA
DOTON BORI
Glico
OSAKA
YUCARI
城
Great
Buddha
of
Nara
Nara Park

细节见魂

生产、销售、招商、筹措资金、培养人才、签约、打造品牌，人的工作，分为许多阶段层次，既有现场性的工作，也有服务性的工作，还有管理性的工作。

如果管理决策错误，那么无论一线员工再怎么努力，也都是徒劳。比如，生产出了非常好的产品，如果找错了销售伙伴，产品是卖不好的；如果没给顾客留下好印象的话，产品也是卖不好的；选错了开店地点，或是使用了错误的网络营销战略，就算有再好的商品、再好的服务，也带不来收益。总而言之，战略上的失误，是无法通过战术扭转的。

另一方面，如果制订了非常完美的经营计划、经营战略，还拥有丰厚的资金，但是在产品制作上偷工减料，不但产品不好卖，还会失去顾客的信任。

今天，我被请到新建的柏叶 T-SITE 进行现场指导，其他项目的成员也一起前去学习，于是我们一起乘巴士前往。

建造这个项目的契机，源自一位看过代官山项目的开发商，他请我们再建一座同样的 T-SITE。于是，我们委托代官山项目的设计公司克莱因 · 戴瑟姆建筑事务所（Klein Dytham architecture）负责设计，目前正在为争取明年开业做准备。

项目所在地与代官山建设之初时的情况一样，行人数量为零，距离车站约 500 米。所以，如果不把这里建设成真正让顾客想去的地方，是没有人愿意来的。

可是，因为 T-SITE 相关团队成员有过成功的经历，所以他们或许很容易陷入一种“建了顾客就会来”的错觉。也正因为如此，我们更要

Quality of life in a day.
OOD MARKET

慎重，不能抱着这样的想法，而要考虑我们怎么做企划才能让顾客一定会来，而且来了也不觉得吃亏，不对，是来了以后感觉不来才吃亏。

今天，听了项目成员的介绍，我感觉目前的企划方案距离上述目标还差得很远很远。尤其是项目成员的脑海里还没有形成精确到以厘米为单位的具体画面，这让我感到不安。

看到设计师拿出的设计图纸，我认为这只能建出一处不错的空间，却建不出好的商业。

若不能诚心待客，若不能像不肯耽误顾客一秒而忙碌且井井有条地上菜的服务员那样，为顾客提供独一无二的用心服务的话，那么顾客来了一次就不愿再来第二次了。

如果不能以厘米为单位制作出让顾客觉得不来才吃亏的企划方案的话，是无法打造出能够吸引顾客专门到来的空间的。

我们拜托开发商，把贮水池建成类似纽约中央公园一样，计划正在有条不紊地开展中。这样一来，就可以呈现出让大家渴望在这里带着孩子或宠物散步游玩的景象。

从相邻的高级住宅楼群眺望 T-SITE 时视野绝佳。虽然项目距离车站较远，但与 16 号线相接约 270 米，停车场也可以容纳车辆 500 辆以上。明明位于如此优越的环境之中，可是企划的内容还远远不够充实。

好在夏天才刚刚开始，胜负的关键还在后面。

我一边说着，一边和大家乘坐巴士，回到了东京的办公室。

我由衷地祈祷，大家能把心绪与执念化为凝结于细节之处的灵魂。

2016 年 7 月 ×× 日

三位顾客

开了代官山的茑屋书店以后，我从日本顾客的身上明白了一些事情。

据说，在日本合计约 1500 万亿日元的个人资产当中，高达七成的所有者都是 60 岁以上的老年人。而上班族中近七成人（约 3600 万人）的年收入仅在 400 万日元以下。也就是说，在我还是学生的 1970 年到泡沫经济崩溃的 1990 年这 20 年间，日本出现的中产阶层如今已经不存在了。

暂且不评判这一变化是好是坏，用媒体的话说，现在我们已经进入了“格差社会”。所以我认为，企划公司或者企划人，已经不能再像过去那样，对顾客一概而论了。

我年轻时，日本能称为有钱人的人，只有极少一部分，可是后来的经济高速增长，给日本造就了许多亿万富翁。因此，日本开了许多高级奢侈品商店，还出现了高级进口车展示厅、高级住宅区等。

我和儿子一起去我家附近的烤肉店，人均消费近 1 万日元，而我前几天去的丹尼快餐店，人均消费要不了 2000 日元。

在已经成熟的日本卖企划，必须站在拥有各种不同价值观、生活方式的顾客角度看问题。

虽然年轻人喜欢玩手机，但 60 岁以上的老年人并不能很好地使用手机。所以，如今备受关注的手机支付看似很方便，但没钱的、不花钱的年轻人，玩的净是一些手机上的免费服务，基本不怎么用手机花钱。

另一方面，极具购买力的 60 岁以上的客人并不怎么玩手机，加上他们有使用信用卡支付的习惯，所以对于手机支付怎么也提不起兴趣。

拥有丰厚资产的老年人，老人们的孩子、孙子，占据劳动者人数 2/3、年收入不足 400 万的人，日本有这样“三位”顾客。

我们已经进入了一个成熟的日本市场，在这样的市场中，若想让畅销品在各种客户群中都卖得好，就必须好好下功夫。

也正因为如此，我愈发深切地感受到了企划公司的重要。

2016 年 9 月 ×× 日

第四章　价值观

信用

今天的早报专栏中，刊登了这样一篇文章，大概内容是：能不能做到“吃水不忘挖井人”取决于人性，普通的人只会议论水的味道。

在 CCC 工作的人，会在不知不觉中体会到 CCC 的信用所带来的好处。所谓 CCC 的信用，从客户的角度来说，是严格按照约定期限、约定金额付款。因为公司已经上市了，所以还会被默认为不会干坏事。准确无误、不拖延，支付时不恶性砍价，收到钱后依然不遗余力保证顾客价值，所以，CCC 能够在不受怀疑、无须说明公司财务情况的条件下进行交易。

最近让我担心的是，这些信用并不是天生就有的，而是前人一点一滴积累起来的。所以，我想对 CCC 现在的员工们说：“使用 CCC 的信用可以，但用的同时，请为 CCC 积累新的信用。”

比如，我希望大家能够在接待 CCC 邀请而来的客人时注意礼节、

礼仪。许多地产公司在了解 CCC 的信用、茑屋的开店实力以后，会主动介绍来各种项目。看到茑屋的销售能力以后，文娱产品制造商会主动提供各种作品供我们销售。系统供应商的人，也会多次来到现场进行新技术指导。

希望大家不要认为这些都是理所应当的，而要思考为什么我们能够得到这么多人的信任，我们该怎样做才能得到更多人的信任。

我始终坚持，站在对方的立场，不做令对方反感的事情，只做让对方高兴的事情。

比如，地产公司给我们介绍新项目时，我会尽可能地在最短的时间内做出答复；决定不做时，我会认真地写明原因；如果做了市场调查，我会主动提供相关数据。总而言之，我会想尽一切办法让对方认为，能与 CCC 合作真是太好了！

之所以会这么做，是因为起初的 CCC 是没有信用的。因为有了一点一滴的累积，我们才收获了 CCC 的粉丝。

我们今天上午开了信息技术相关会议。下午，为了在秋季之前完成总结，负责经营企划的员工就年中计划框架向经营会议成员进行了汇报，并听取了大家的意见。会议一下子开了 6 个小时，确实有点累啊（笑）!

2007 年 8 月 ×× 日

菅沼与高桥誉则

从今天开始的未来一周内，茑屋书店商品本部部长菅沼将作为我的拎包助理，与我一同参加NEO（下一代经营者培养计划）。

菅沼于1994年进入公司（第10期员工），后成为1999年除夕开业的涩谷茑屋书店项目成员。从1997年项目开始筹备到开业的两年时间里，他什么也没干，在我身边混了两年。

我之所以会让菅沼参与涩谷茑屋书店项目，是想让他通过亲身经历学习“实现想做却不会做之事”的过程。如今坐落着涩谷茑屋书店的，是堪称日本“时代广场”的黄金地段。按照一般人的想法，把如此黄金地段上的一栋地下2层、地上8层的地产项目企划为茑屋书店，是当时的CCC根本无法完成的项目。

我也曾像菅沼那样，在铃屋株式会社学习了“实现想做却不会做之事”的过程。巧合的是，我也和菅沼一样，有过两年身处青山Bell Common购物中心项目企划团队却什么也没做的经历。虽然公司让我负责生活提案，可是当时的我还只是一个对生活提案一无所知的刚走出校门的新员工。当时铃屋有许多业内资深人士，但他们擅长的是卖女装，反而容易被先前的经验所束缚。若突然让这些铃屋员工制作生活提案的话，未免真的有些强人所难了。也正是因为如此，他们才会让像我这样什么也不懂的刚毕业的学生参与那无人能做的项目，让我了解什么才能用于“生活提案”。

菅沼刚入职时，虽然CCC已给茑屋书店戴上了“生活提案”的帽子，但事实上，它还只是一个用唱片租赁挣来的钱努力偿还银行贷款的公司。

就像刚刚进入铃屋的我一样，没有人能够给予菅沼指导，所以只好对他置之不理。我通过企划涩谷茑屋书店项目，把他培养为能够进行生活提案的人才。多亏了这一想法，如今，菅沼作为茑屋书店产品负责人，为来到茑屋的大批顾客提供关于生活风格的提案。

周末，我受邀出席了CCC Casting董事长高桥誉则在赤坂某酒店举行的婚礼。

我以前几乎会出席每一位员工的婚礼，还会积极承担起媒人的工作，为员工牵线搭桥。30多岁时，我已经在公司成功撮合了10对新人。

可是，当公司员工超过300人时，客观条件已经使我难以出席每一位员工的婚礼，若有的出席有的不出席的话，又难免有失公平，所以，从某个时期开始，我决定不参加任何员工的婚礼。不过，虽然嘴上这样说，但我后来还是参加了秘书能村及当时董事长办公室的西田等直属部下的婚礼。其间，我也按照这一条件参加了其他直属部下的婚礼。

作为婚礼的主宾，我在众位宾客面前就“组合”与“梦想之力”向新郎新娘送上了贺词。大意是，正如大家所知道的那样，高桥誉则对CCC所要实现的未来、人事战略把握得非常清楚，但对当下实际业务的把握稍有欠缺之处。与此同时，他的太太（原CCC第14期员工）却是一个非常认真的实干家。这样的两个人结合为夫妇的话，既可以相互补充，又可以发挥出彼此的优势，堪称天造地设的“最佳组合”。

我与高桥誉则相识于2002年，当时，我作为茑屋书店事业本部长，在现场了解茑屋书店与加盟店、分店的关系，准备对茑屋书店进行价值重构，让其成为为“新一代茑屋书店”。高桥誉则主要负责调整与完善以监督为主的业务。后来，毫无相关经验的高桥誉则对我说，他想从事 CCC 的人事工作。

数年后，高桥誉则已经成为 CCC 集团旗下 65 家公司、3500 名员工的人事负责人。从他的身上，我切实感受到了“梦想之力”正在推动着 CCC 的发展。这便是我发言时所提到的“梦想之力”的含义。

我相信“唯有梦想，方可实现”，每个人都有自己的梦想，而 CCC 便是实现每个人梦想的集合体。

2007 年 8 月 ×× 日

一起乘电梯的 5 位董事长

按惯例，今天上午 9 点至 11 点召开了第 91 次 CISC（复杂指令计算机）会议（IT 会议），议题是“惠比寿花园广场 21 层电脑室的优化方案”。作为 CCC 集团的核心竞争力，数据一直是由严密安全的大阪数据中心负责管理的。可是，因为 13 年前集团总部由大阪迁到了东京，所以我们在惠比寿花园广场的 21 层建了一个电脑室，放置了服务器，主要用于信息系统的研发和运营。

比如，这里设置了以前所没有的邮件系统、工作流程系统、合并财务系统等的服务器。后来，有人提议说，惠比寿花园广场只是办公室，并不具备作为数据中心的条件，从危机管理的角度来说，还是搬到更合适的地方为好。所以，才有了这次的优化方案。

今天听报告的时候，我突然想起了自己和几位知名公司的董事长一起出国时发生的一幕情景。

当时，我们一起走进了酒店的电梯，电梯门关上以后，没有一个人按要去的楼层按钮，就这么站在电梯里，等电梯门再打开时，我们还在 1 层。因为大公司的董事长平时乘坐电梯时总有人帮忙按键，是不用他们自己按的，所以他们会下意识地以为，已经有人按了，结果谁也没有按。

此外，我还想起了另一幕情景——在微软还没发展为那么大的公司之前，我去微软的美国工厂参观学习时发生的一幕。那是一座面积约为 5000 坪[①] 的平房工厂，工人都是一些来自南美地区的年轻女性。我发现这里的清洁卫生、整理工作做得非常到位，便提问说："这里为什么能保持得如此整齐？"带我们参观的负责人说："请您看一下地板。"我仔细一看，只见 5000 坪的地板上被浅浅的线划分为了棋盘式的小方格，而且所有小方格的右上角都贴着一张写有姓名的贴纸。

认为该去按电梯楼层按钮的不是自己，所以好几个人一起乘坐电梯时，没有一个人去按。5000 坪的大工厂，因为明确划分了每一个人的负责区域，所以大家会拿出自己的时间，负责任地进行打扫。

这样的行为心理，让我不禁感叹："原来无论多么大面积的地面，都是可以打扫干净的啊！"

---

① 5000 坪：约合 16500 平方米。——译者注

这也让我突然想起了大集团实施大项目时的管理秘诀。会上，我要求大家尽快指定并公布出惠比寿花园广场 21 层电脑室的管理人员。

此外，会上还讨论了另一个议题。财会团队的成员就 5 年前开始研发且将于明年结束摊销的“集团财会系统重建提案”进行了展示。他们计划聘请相关专家，在明年 3 月之前确定搭建什么样的财会系统，故向公司申请相关经费。大家通过了这个提案。

为了能够成为全世界最好的企划公司，CCC 集团开展了信息技术基础系统重建，对此，我满怀期待。我一边听着报告，一边了解着大家正在为集团考虑什么，不禁欣喜地预感到，我们一定能够成为全世界最好的企划公司。

2007 年 11 月 ×× 日

我每天穿牛仔裤的原因

1983 年茑屋书店开业时，关于员工的工服有如下 3 点规定：穿着自己的牛仔裤，佩戴公司制作的名牌，穿着公司发放的白色匡威鞋。

佩戴名牌，是为了便于让顾客记住员工的名字。穿牛仔裤和匡威鞋，是为了便于工作。

转型为企划公司以后，我们既没有定做工作服，也没有要求员工必须穿西服打领带。原因在于，企划工作不但需要调查竞争对手的店铺，还需要站在顾客角度收集各种信息（以顾客的身份体验各种店铺），穿西服打领带的话，太不方便了。

我也知道，若让大家穿着统一的服装，有助于提升工作效率，可是这种做法并不适用于需要充分发挥每一个人的主观能动性以收集大量信息的企划工作。

此外，茑屋书店的开店数量已经超过了 300 家，这也让我们了解了许多事情。比如不同地段中坪效最佳的面积是多少，会员数量、销售潜力是与所在地段成正比的。几年前，我们依据这些数据，给不同的地段类型制定出不同的标准值，然后基于成功案例，按照同一种模式开店。

但是，标准值只是符合某一个时代的数值，并非永远不变。但人们总容易误认为它是永远不变的。

说到底，企划是为顾客而存在的，如果顾客所处的环境发生了变化，那么企划也必须随之改变。

我们已经进入了应该重新思考几年前确定的“新一代茑屋”模式未来去向的新阶段。

不断了解顾客，不断依据顾客变化制订符合顾客需求的新企划方案，这才是企划公司的使命。即便成了上市公司，股价平稳上升，利润逐年增高，公司也搬进了高大上的写字楼，企划公司的使命也不会因此而改变。

直到今天，身为企划师的我，依然频繁穿梭于竞争对手的店铺、茑屋的店铺、受顾客欢迎的热门店铺，依然坐在咖啡厅写企划书。为此，已 58 岁的我，如今也依然穿着牛仔裤和帆布鞋游走于大街小巷。

2009 年 2 月 ×× 日

献给鹤田先生的悼辞

“这位是茑屋的董事长。”

这是我去医院探望鹤田先生时，他向护士介绍我时所说的一句话。那时，是他去世前 6 天的 12 月 21 日。没想到，这竟成了我们之间的最后一句话。

初次见到鹤田先生，是在 25 年前。当时，日贩公司的商品开发部还位于饭田桥，鹤田先生担任的是该部部长一职。

我和鹤田先生见面的契机是关西地区的 CCC 加盟店正好与日贩的店铺撞上了。令鹤田先生疑惑的是：“为什么去 CCC 店的顾客那么多，而来我们日贩店的顾客却那么少呢？”为了一探究竟，鹤田先生直接联系了 CCC，于是我们决定在其位于东京饭田桥的办公室见面聊聊。

由于当时日贩商品开发部的办公室堆满了各种商品，所以我们两个人直接坐在走廊的椅子上聊了起来。我向他谈了自己对未来书店发展方向、录像带的作用、书籍的作用等问题的看法。我还开诚布公地对他说，因为这一市场很大，只靠 CCC 的力量是远远不够的，我希望能与日贩合作。我话音刚落，他便立刻回答说：“一起做吧！”

第二天，我们又见面了，记不清是约在了御茶水的 Renoir 咖啡厅，

还是哪里的一家咖啡厅。见面后，鹤田先生立刻拿出了自己用铅笔草拟在某广告单背面的业务合作内容，对我说道：“剩下的就交给增田你来写吧！”

我回到大阪，补充并且打印了合同，然后带着合同来到了东京。鹤田先生见到我后，只说了句“我这就去拿印章”，然后就把盖好章的合同递到了我的面前。在此期间，鹤田没有就细节、利益等与我进行任何谈判。

达成业务合作关系以后，日贩请我在它的客户座谈会上发表了演讲，我和鹤田两人还去全国所有分公司进行了巡讲。

下班后，当时在分公司、日贩公司内并不怎么出名的鹤田，把分公司的员工们召集在餐厅或办公室，听着关西方言，了解年轻员工们的想法。

当时，各分公司的合作方几乎都只是书店，而CCC与日贩的商品开发部要一起做的是复合式书店。做复合书店，就需要腾出地方专门销售录像带，而书籍柜台的缩小势必会引发退货，导致分公司销售额减少。可是，鹤田先生已经充分理解了录像带的本质——录像带与书一样，只不过是一种新的媒介而已，所以，不要去在意书籍销售额的减少，只要能让顾客高兴，只要有助于书店收益情况改善，就应该果断去做！

鹤田先生还专门邀请了MPD（CCC集团的代销公司）当时的董事长吉川先生，与日贩商品开发部的员工们一起集训，共同探讨如何开发新市场。为了构建起刚刚成立不久的小公司CCC与大企业日贩之间的信赖关系，鹤田先生真可谓煞费苦心。

初次见到鹤田先生时，我对他说的这句话印象最深：“商品开发部部长的工作，就是不停地拒绝。”

商品开发部会收到来自四面八方的许多新产品，可是我们不可能把所有新产品都放在店里，所以，拒绝就是我们的工作。

他常常把顾客、书店的事情放在首要位置，无时无刻不在认真思考，该怎样做才会对顾客、书店更为有利。

此外，我还经常向他请教 CCC 的人事问题，比如如何把接力棒很好地传到下一个人手中。鹤田先生向我传授了许多他对人事工作的看法。

鹤田先生爱好登山，连医院都没怎么去过。

引退后，他还经常对我说，有空一起去玩吧！没想到，他竟然这

鹤田先生（右）生前

么快就离开了我们。

鹤田先生是一位有着傲然风骨的人。

他从不向权力、情面低头。从他身上，我不但学到了应该如何对待工作，更学到了身为男人的活法。我常常拿自己的活法、工作方法与鹤田的活法、工作方法做比较，一边参考，一边修正，并走到了今天。

“敌军势力虽强，但我军志气绝不输给对方一丝一毫。”这是在市场、公司规模越做越大的过程中，鹤田先生送给我的一句话。

鹤田先生的言语、活法、恩义，以及我们相处之中的点滴回忆，将一如既往地留存在我的心中。从这个意义上来说，今后，我将继续与鹤田先生一起，我将连同他那份，为这个社会付出更多的努力。

我将与日贩的各位同仁、加盟方的各位同仁，还有 CCC 的各位同仁，一起努力！

鹤田先生，请您一路走好。

2010 年 1 月 ×× 日

人与人的依赖与共生关系

这是我在茑屋业主大会早会上提到的内容——关于茑屋书店特许连锁加盟业务中总部与加盟公司的关系。经营情况不错的加盟店，往往善于利用与 CCC 之间的关系。而那些认为店铺存在问题的加盟店老板，则较多将店铺经营依赖于 CCC 总部。也正因为如此，他们容易将店铺的问题束之高阁，更多地交给总部来处理。我在早会上强调，总部与加盟公司的经营是相互独立的，就算加盟公司挣再多的钱，CCC 也只会收取事先约定好的商标使用许可费，反言之，无论 CCC 的经营情况多么不振，我们也不会向加盟企业提出任何资金需求。CCC 与加盟公司之间，应是相互独立的两个经营个体，应该维护好利用彼此价

值、发挥彼此作用的共存关系。若没有这一心理准备的话，将无法真正实现以客户为核心，无法周全地处理员工与股东的利益。

在公司中的人际关系也是如此。我会把与我共事的人分为两类。一类是能够充分利用我的知识、阅历、信息从而推进工作开展的管理者，一类是无论什么都要在征得我的同意（转嫁责任）之后才着手处理的管理者。

如果一个人不能以认清自己的作用并负责任地做出判断为前提开展工作，那么他与我共事，就会很容易将全部责任抛给我，放弃本应肩负的责任。要制订出崭新的企划方案，并通过各种人的力量将方案转化为现实，需要由不同才能之人组成的团队通力配合才能完成。只有那些具备优秀能力的人想要与你共事，并且你也拥有值得共事的能力，才能实现真正的“自由”。

从这个意义上来说，我认为总部与加盟店的关系，必须是建立于自立之上的相互“自由”。

2014 年 2 月 ×× 日

信任与自由

CCC 创业至今始终珍视的价值观是“约定”“感谢”与“自由”。对 CCC 而言，自由是“做想做之事，不做不想做之事”的思考方法。比如，能见到想见的人，能做想做的事。绝不是那种想怎样就怎样，什么也不干就能拿工资的自由。

前天晚上，某艺术家入住青叶台的宾馆，他不顾劳顿，与菅沼他们一起玩到了很晚。

昨天一早，我们向某知名地产公司以总裁为首的管理团队介绍了大型商业区的企划方案。

下午一上班，我便去拜访了我们前一天刚开始提供服务的某公司董事长。

随后，我又与近期正在策划合作的国外超知名家电公司的董事长探讨了企划方案。然后，去问候了 T 积分加盟商的新任董事长。

傍晚，我与武田、财务部的员工一起参加了与证券公司一年一度的晚餐聚会。

虽然从行程上来看，在一天之内见这么多人、谈这么多事的确强度很大，但因此带来的收获也是不小的。那家电器公司的董事长是我早就想见的人。如今，不但能够见到他，还能与他共事，惊喜的同时，我愈发深

切地体会到，做想做之事的自由度正在越变越大。

在我看来，之所以能够获得这样的自由，都是因为我们一向严格遵守与客户之间的约定，时刻不忘客户对我们深切关照。

真正的自由、信任，需要心怀执着信念，付出认真、努力才可实现。可是，在CCC工作的员工中，又有多少人能够真正明白这一点呢？

2014年4月××日

好或坏，美或丑

某天我看电视的时候，正好看到古巴某处街头的风景。从我们的角度来看，这绝对算不上是一条整洁的街道，但是在古巴，那里却是一个很棒的地方。

以前，我去意大利那不勒斯的时候，那里没有一家便利店，我问街上的人，不觉得没有便利店很不方便吗？因为他们不知道拥有便利店的生活是什么样的，所以没有一个人认为不方便。这让我不禁回想起了迈凯伦的工厂。

迈凯伦是F1赛事中的知名跑车制造商。它的工厂对维护（保洁）的要求标准极高，高到即使丝绸衬衣掉落在地上，也不可以沾染上一粒灰尘。之所以如此，或许是因为生产比赛用车的工厂是不可以出现一点点垃圾的。

可是另一方面，生活在古巴街头的人们，曾经生活的环境比如今不整洁得多。与过去相比，现在已经好了太多了，所以他们认为这样很幸福。也就是说，人们所认为的干净、整洁、整齐，其标准是因人而异的。

我曾说过，我们的目标是成为全世界最好的企划公司。

对于我的演讲资料，无论是投影仪的亮度、中心点，还是使用声音时的音量大小，我都会细心调试。因为，我要做出“全世界最好的”的演讲。

可是，没有这一意识的人，就算我再怎么叮嘱他，告诉他为什么要调整投影的亮度、聚焦的中心点，他也还是会犯同样的错误。因此，我认为所谓的标准其实是由个人、团队、公司所要实现的方向决定的。

这，便是公司的价值所在。

2014 年 5 月 ×× 日

遇见未知

人是有进取心的。日本人，喜欢努力做事。

可是，日本人所欠缺的，是下功夫对自己的成长轨迹进行战略性谋划。

再怎么努力的人，也总会遇到不知道的事情。知道了，它就变成了自己的知识；不知道，将不会有任何改变。

我人际关系网中的人，一开始全是陌生人。几乎没有我主动建立的人脉，不是别人介绍的，就是派对上偶然遇见的。总而言之，仅仅通过自己的努力，是建立不起人脉的。

本周一，我参加了某人的就职庆祝派对。派对上，我结识了许多

国会议员、知名人士等。周二我还参加了某上市公司董事会。我担任了几家上市公司与非上市公司的外部董事一职。因为不是以董事长的身份参与经营管理，所以我是以外部董事的立场出席的。虽然我要为公司的发展、业绩负责任，为公司做贡献，但与此同时，我也能学到很多东西。也就是说，这么做可以使我获得学习新知识的机会。

若从完成公司内部指派的任务方面来考虑的话，似乎担任外部董事并以此身份出席其他公司董事长的就职庆祝派对并没有多大意义，但是，这其实是了解未知的有效方法。不仅如此，这还可以为自己将要完成的任务提供最为必要的信息。

总而言之，若不能遇见未知，个人则不会进步，公司也不会发展。

所以，以成为全世界最好的企划公司为目标的 CCC 的行为规范中这样写道："走出公司，走向社会。"

2014 年 10 月 ×× 日

员工遇见的未知

对刚进入公司的员工而言，在 CCC 接触到的一切，都是与未知的相遇——公司的管理规定、营业体验、在门店待客、指导临时工、商品订货、库存管理、出席会议、制作报告、访问数据库、制作企划书、录入出勤表等。

可是，即便是这样每天都能遇见未知的日子，一个月后也就都进入已知的范畴了。遇见未知，也就此宣告结束。从此，高傲之心开始

滋长。或是求知欲进一步增长，对一切未知都充满了兴趣。

以我个人的经历来说，虽然年纪轻轻的我便学会了做企划，但我一直认为，自己并不适合管理公司。而当我某一天突然被指派负责管理工作以后，我竟然意外地发现，自己居然具备领导能力?!

结合自己的这番经历，为了让员工尽可能多地体验各种不同的岗位，公司开展了许多不同的业务。为了让更多的员工趁年轻当上总经理，尽快成为能够独当一面的人，公司尽可能早地设立新公司，开展不同业务。

此外，在公司从事各种不同的工作，结识不同的人，也是一种与未知的相遇。

为了能够遇见更多的未知，作为企划公司的我们，挑战了各种不同的业务。因为我认为，不断遇见未知，是成为拥有更广阔可选工作

范围的公司的正确道路。

我们应该尽可能地让员工在集团内拥有成为全世界最出色企划师所需要的一切经验。让他们在 CCC 的工作中，既能接连不断地遇见崭新的未知，又能收获幸福快乐的人生。

不过，若想通过自己从未做过的事挣到钱，历经艰辛与痛苦是难免的。

可是，一想到拳击手为了品尝到胜利的美酒，不惜长期接受残酷训练，这些又算得了什么呢？

2014 年 10 月 ×× 日

明白却难以做到的事——整理整顿

所谓整理，就是清理掉没用的东西。

若房间里堆满了无用的资料、无用的书，我们将会很难迅速找出想要的信息。办公室也会因此变得杂乱无章，扫了大家的工作兴致。

这是任何人都明白的再简单不过的道理。可是，真正落实起来，就没有那么容易了。因为一本破旧的杂志或一封破旧的信件，看似是无用的垃圾，但对于公司而言或许是非常重要的资料，对于某人而言又或许是一封非常宝贵的信件。

所以，整理办公室是临时工或一般职员难以胜任的工作，因为他们无法准确地判断物品的重要性。故整理整顿的工作需要领导一起参与完成。如果把整理的工作交给基层员工来做的话，他们不是一不小心扔掉了重要资料，就是担心因扔错资料而被炒，到最后什么也不敢扔掉。整顿也是如此。

大家都明白，整理的目的，在于能够随时抽取出所需的信息。可是，如果负责整理的人不了解所需信息的范围，那么他也就不知道该把某项信息整理进哪个领域范围之内。所以，只好让不同的人同时保管相同的信息。

书籍、杂志也是如此，常常散落在各个部门的各个位置。如果没有人能够明确指出所需信息、制定分类方法、明确责任分工的话，是无法立即查找出所需信息的。

在董事长办公室，我们会明确规定订阅哪些杂志，放在哪里，由谁负责管理。为了让办公室变得更加干净整洁，我们还明确规定了各个区域的负责人，由他全权管理。如此一来，不但清理保洁做得十分到位，所需物品也都能够随取随用，十分方便。

不过，关于企划所需的数据管理，我们目前尚且停留在只能存储数据的阶段，至于如何实现便捷地查找提取，我们正在进行企划。

在我看来，整理问题的关键在于组织的领导是否拥有想要构建起良好办公环境的“执着信念”。

在那个只为实现梦想的梦想里，是否也有一间方便工作的办公室呢？

2014 年 11 月 ×× 日

走出公司，走向社会

最近，我在会议上发言时，常常开启愤怒模式。

原因在于，我在探讨新企划的会议上听到的不是“若这样做会更好”之类的探讨，而是发表者没完没了地讲述这样那样的事情，好像只是为了获得现场负责人的一句同意而已。总而言之，给我的感觉就好像是在拉我做同伙一样。

若只想分享信息，那么只需提前把资料发送给我，就足够了。

企划公司开会的理想状态，应是把拥有各种不同经验的人聚集在一起，让大家集思广益，共同探讨该如何做才会更好。为了尽可能多地听取他人的意见，发言人的讲话应越短越好。

在上周的二子玉川项目咨询会议上，我尽可能地缩短了 CCC 的发言时间，更多地听取了大家的意见。

周六，我和大名鼎鼎的某公司董事长一起打了高尔夫球，然后去了湘南 T-SITE。

周日，我与国外某知名品牌家具制造商一起喝了下午茶。

后来，我还去了六本木之丘，参加了我常去的某百货商场主办的顾客活动，顺道锻炼了身体。

晚上，我在王将餐厅吃了晚餐。

总而言之，我收获了大量在公司内了解不到的一线信息，比如我们正在开展营销工作的对象的情况，其负责人的性格、信念等。

企划公司所做的企划，多是针对新业务。所谓新业务，就是通过新市场、新商品、新企划实现产业化。总而言之，不充分了解顾客、商品是不行的。

所以，仅依靠公司内部的信息，是制作不出企划的。

多多走向社会吧！

2014 年 11 月 ×× 日

做令他人感谢的工作

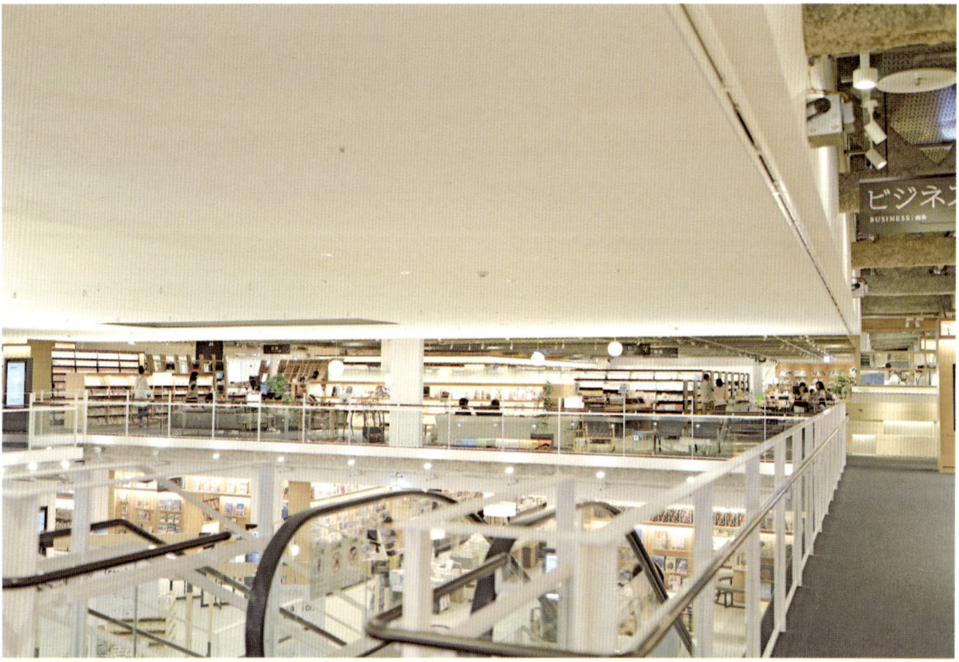

工作有两个侧面。

一个侧面是，商品卖不出去，就没钱吃饭。所以，销售员会想尽一切办法推销商品。另一个侧面是，没有商品，人就无法正常生活。或者说，没有商品，人生会变得不快乐，所以，顾客会想要购买商品。结果，员工挣到了钱，顾客获得了幸福。

买卖的本质，其实就是这样一种双赢关系。

所以，我外出就餐，临走时一定会对店家道一句“谢谢款待”。获得别人帮助或走下出租车时，也一定会说上一句“谢谢”。不要以为，自己掏了钱，就没必要表示感谢。

可是，当人们陷入资金困难，不卖掉某些商品就达不到预期目标时，便会开始罔顾顾客利益地推销商品，有时甚至会不择手段。这样的买卖，即使达成了，顾客也体验不到任何幸福感，自然也就不会再从那个人的手里购买第二次。

CCC 想卖的商品，是对顾客真正有帮助的商品。只有真正帮助到顾客，让顾客成为 CCC 的粉丝，他们才会在我们这里购买下一件商品。所以，销售商品这种行为，应该是让顾客获得幸福的同时，还能让 CCC 收获粉丝。若能让顾客成为我们的粉丝，那么卖给他下一件商品便不是难事。

所以，我们要做能够获得他人感谢的工作。若能努力做到这一点，就既能使公司挣到钱，又能培养出优秀的员工。

若以牺牲顾客利益为代价，那么公司与个人都将一无所获。

所以，顾客的一句“谢谢”，是公司的宝贵财富。

2014 年 11 月 ×× 日

第一时间说出坏消息

经常与我共事的员工，容易产生一种错觉。因为不了解我的价值观与工作方式，所以共事之初，所有员工都喜欢观察我的态度、脸色。对此，我也很无奈。

其实，我并不在意大家能够多快了解我。再说，仅仅通过一些细微举动，是触及不到我的工作方法和价值观的本质的，所以在我看来，这些慢慢了解就可以了。

我之所以经常对员工发火，是因为他们隐瞒了坏消息，或是妨碍了重要消息的传递。

如果员工只知道按照自己的方式消化所得信息，在自己充分理解之前将信息据为己有的话，那么其他员工的考虑时间将因此被剥夺掉。

若能在工作的同时，考虑到如何做更便于周围人开展工作，那么，你必定会第一时间说出坏消息，或是第一时间与大家分享好消息。之所以做不到这一点，是因为做事时只考虑了自己。

真没想到，能够第一时间说出坏消息的人竟然这么少。

2014 年 12 月 ×× 日

“结果 < 原因”的含义

很多时候，我们想提升销售额，却提升不上去；想多挣些钱，却挣不到钱。

这就好比打高尔夫球，若想让球飞得高一些，就必须击打球体偏下的部位。若想让球飞得远，就不能打得太过用力。

也就是说，结果是由原因所致。只求结果，是产生不出结果的。

记住顾客的名字，顾客来的时候叫出他的名字，向他问好，顾客听到后就会很开心。若有想要的东西，顾客便会购买。把店铺做成一家让顾客想来的店，顾客才会来。若做不到这些，就算再想提高销售额，再想赚钱，都是徒劳。

如此简单的道理，却渐渐地被人们忘记了。人们做着各种无用功，却未曾想过如何舍弃无用之事，只想着如何赚钱。明明舍弃无用之事，便会获得收益。

所以，每天早上上班时，我都会经过店铺，面带笑容，用充满活力的声音向店里的人问候早上好，并且由衷地希望，那些被我问好的人，能够快乐地迎接新一天的工作。因为我认为，店员们心情好了，

HIRAKATA T-SITE
りそな銀行
MUFG 三菱東京UFJ銀行

就会为初次至店的顾客提供更为优质的服务。

正是因为有了这一个个精心酝酿的原因，店铺才能够繁荣兴旺。

2015 年 5 月 ×× 日

决断

上上周，公共关系部联络我说，NHK 想请我参加一档电视节目。对此，我思考了许久。

登上 NHK 的确有助于公司的宣传。但是，宣传是具有两面性的。从反面来说，一旦发生了什么不测，不但会损害公司形象，还会影响到公司、合作方的工作。

这和在涩谷车站八公犬雕像前开店时的情况差不多。店铺位置绝佳，非常醒目，若能在这样的地段打造出一家好店的话，势必会提升茑屋书店的品牌形象。可是换言之，万一没有打造出一家好店，就有损害茑屋书店品牌形象的风险。

在这种情况下，仅仅依靠计算，已经决定不了该做还是不该做了。因为无论怎么计算，也是得不出答案的。

这档节目究竟会成为一档什么样的节目，我并不知道。但是，我还是决定，“做做看吧”。因为，我相信自己。我相信自己会认真对待，尽最大努力做到最好，所以即便做成了一档奇怪的节目，也是没办法的事情。如果真的变成那样，茑屋书店的加盟公司就一定会纷纷退出吗？

你做事的动机是否正确？你是否真的相信自己？

为正确的事情付出最大的努力，即使结果不佳，也了无遗憾。人的决断，大多是凭借类似这样的正确动机、真心实意、努力及是否真正相信自己做出的。

今天，我参加了许多会议，也依然面临着许多类似于是否挣钱、能否提升公司形象、是否有助于培养人才等需要通过计算来决定的事情。但是，真正的决断，既没有答案，也不需要计算，往往是吼一声

就干。

结婚也是如此。我们能做的，唯有相信自己。

总而言之，能否在每天的生活中做出正确决断，就看你是否相信自己。

2015 年 6 月 ×× 日

看似在挑选，实则被挑选

以前，我亲自面试大学应届毕业生时，曾思考过这样的问题。人们常常认为，新员工的面试，是公司领导在想进入公司的面试者中进行挑选。其实，恰恰相反。新员工会拜访各种公司，然后从中选择适合赌上自己人生的公司。所以，看似公司是在挑选，其实，是在被挑选。若不能成为被选中的公司，就不会获得优秀的人才。

我想招聘的，不是只为寻求稳定生活而找工作的人。

今天，我们也面临着一个同样的问题——为某项目选择合适的设计师。

的确，如今的 CCC 一说要做项目，就会有许多设计师应聘。因为

看到代官山、二子玉川项目的成功案例后，设计师们自然会认为这是一份好工作。

可是，受欢迎的设计师往往很忙，他们在做的，其实是挑选工作、挑选客户。所以，为了能被他们选中，我们需要考虑委托方式，需要筹备设计比赛。但是，今天的会议，却还是在比较设计师的实力，想由此决定选用哪位设计师。

我们本该成为让更多优秀人才、优秀设计师喜欢选择的公司，却……

为了听取更多关于音乐业务方面的建议，今天中午，我特意请来了拥有知名艺人的经纪公司的董事长、唱片公司的董事长及大牌音乐制作人等。

此前，我只是邀请他们说“想与您谈谈音乐的未来”，如今，收到我邀请的人全部都来了。这也是被他们挑选的结果。若不是被 CCC 的魅力吸引，谁也不会出席这种挣不到钱的会议。

为能够被选中而努力。想到这里，我立刻给今天受邀出席的所有来宾亲笔写下了感谢信，表达我发自内心的谢意。

2015 年 7 月 ×× 日

渴望被信任背后的自私

许多人都在为获得他人的信任而努力着。我们经常看到教人如何获得他人信任的文章。可是，当我窥见潜藏在“渴望获得信任”的心理中的自私时，我突然开始怀疑，信任到底是什么？

我也认为，被他人信任是人生中非常重要的事情。但是与此同时，如果努力获得他人信任的内心终点是自私的话，那这样的信任，又有何意义呢？在这样廉价的自私延长线上的信任，还有什么价值？

在真诚地走过人生每一步的过程中，他人看到了你的凛然风姿，心生敬佩，从而认为你说的话值得信任。或者，你始终坚持按约履行承诺，那么在如此庄严的人生延长线上，自然会结出信任的果实。

若出于自私，而使他人卷入其中，如此建立起的信任关系能有多牢靠？能有多长久？

我不禁陷入了一场关于信任的沉思。

2015 年 7 月 ×× 日

書店

期限收益的损失与牺牲者

最近，我经常在公司看到这样一种情景。无论是在公司内或公司外举行各种活动，还是制订店铺企划方案，负责人总喜欢自己抱着信息不撒手。他们想以尽可能好的形势呈现，所以不到最后一刻，绝不透露一点消息。

比如，关于会前资料的发放，经常是会议或活动开始前一秒，大家才刚刚看到相关活动的介绍。

在我看来，发生这一情况的原因在于当事人根本没有为对方着想。对方明明是希望尽早获知活动、企划内容，以便有时间思考、探讨，可是大家却未替对方考虑，总让对方到了临开始前才获知相关信息。

若从开始做企划，到与对方联络的时间期限为两周，那么拿出其中一半时间，也就是一周，用于自己思考是可以的，但与此同时，也应该拿出至少一半的时间供对方思考。

可是现实中经常出现的情况是，自己独占信息足足两周，提交当天才首次将信息交给对方。这种做法，全然无视对方感受，是单方面希望大家认可自己所做企划、活动方案的自私行为。这种做法，会让周围的人失去“期限收益”，从而成为无辜的牺牲者。

不仅在公司内，对于公司外的客户，也常常发生这种情况。若想邀请客户参加我们企划的派对或活动，应该在研究企划内容之前，尽早地通知客户，请客户预留好出席时间，然后再确定具体的企划内容。但现实情况时，不到完成企划的最后一刻，绝不联络客户。结果，好不容易做出的企划，却因客户有约在先无法出席而前功尽弃。

若能尽早通知，客户便会出席。

我把这种尽早说出便不会损失的收益称为“期限收益”。可是，我

们却常常因为负责人的自私心而损失这一收益。

此时此刻，每时每刻，我都在想，我们必须建立起以顾客为核心思考问题的企业文化。

2015 年 8 月 ×× 日

莫听客户言，
做对客户有益之事

以前，以我个人名义持股的某公司的某位离职员工联络我说，有位朋友想见我，我是否可以见见他。

我仔细一问，原来他的朋友是某行业老大，一家上市公司的大老板。

于是，我满心欢喜地回答说愿意见面。可是，当我询问他是否对

T 积分感兴趣时，他却直截了当地回答说“完全不感兴趣”，还说前几天听了另一家公司的提案，刚刚拒绝。

我这个人，听到好听话，便会提不起劲。可是一到身临绝境之时，便立刻干劲十足。推销时，如果对方对我的提案内容回答了“不”，我会立刻来劲。

无论什么公司的老板，出于顾及对方的感受，通常都会面带笑容地听对方讲话。笑着听，不是因为听到的内容多好，而是为了不让对方尴尬。所以，从这个层面来说，笑容并不都是真心的。

对方直言“不”的时候，才是吐露真言的时候。我认为，这时交流才算真正开始。

为什么会回答“不”？我能否重新制作出一份让对方感到有价值的提案？

构思出有价值的提案，然后把提案内容介绍给对方，那么我相信，由此得到的回答，一定是肯定的。所以，我要努力构思出对客户有利的企划方案。

也就是说，当被客户拒绝时，不是就此放弃，而是认真思考，如何为客户创造价值。

CCC 若想以企划公司的身份生存下去，只有一条出路——莫听对方言，只做于对方有益之事。

2015 年 9 月 ×× 日

CCCの行動規範
CCC

约定与感谢

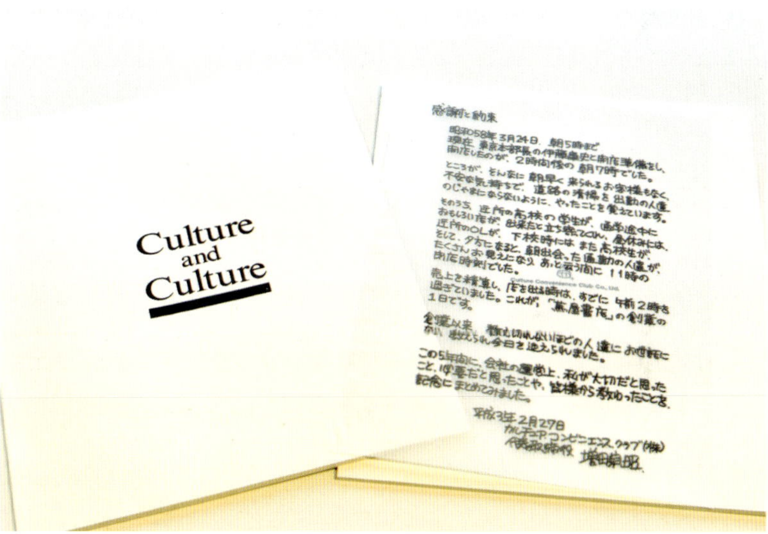

创业以来，我始终珍视约定与感谢。

刚开始创业时，公司很小，也没什么信誉，谁也不愿把我们放在眼里。

为了让其他公司肯与我们打交道，我们付出了各种努力，其中之一就是收到账单后立刻全额支付。因为如果先核对送货单再付款的话，会让对方等很久，所以账单一到，我们便立刻按照账单付款。由于这个原因，我经常收到超额支付的通知书。

若供货方是一家小公司，一旦 CCC 拖延支付，那么这家公司将很可能因此而倒闭。如此一来，公司的老板自不必说，就连员工也会因此失去生活来源，使他们的整个家庭陷入困境。所以，为了避免这种情况的发生，我们一定会尽全力按照约定好的时间付款。

给员工发工资时也是如此。若因为某个差错延迟发放工资的话，员工就不能按时偿还房贷，或是不能按时偿还借款，从而失去个人信用。结果，员工再也借不到钱，用不了信用卡，生活处处碰壁，无以为继。为了不让这种情况发生，我绝不拖延员工工资的发放。

后来，公司越做越大，渐渐积累起了信用，各种公司排着队向我们抛来了橄榄枝。这时，订货成了 CCC 员工的工作，没人再去想建立信用的事情了。

可是，无论公司是大是小，只要违反约定，所引发的结果都是一样的。对内，或许只是被处理为“操作失误”的小问题，对外，却是关乎对方生死存亡的大问题。

不过，巧的是与 CCC 有业务往来的公司，很少出现陷入经营困境或是饱受资金短缺之苦的情况，所以，大家对于此事毫不介意。

信用的积累，往往需要很长很长的时间，可是信用的丧失，只在一瞬间。

我想在《专业》这一电视节目上传递的信息是，收获信用，是不断为获得信用所付出的努力带来的结果。若失去了想要建立信用的企业文化，就真的失去信用了。

这不是企业大小的问题，关键在于企业员工的想法。为了让大家明白这一点，我才决定参加了这档节目。

希望 CCC，今后也依然是一个深受信赖的公司。

2015 年 11 月 ×× 日

HIRAKATA T-SITE
りそな銀行
MUFG
三菱東京UFJ銀行

第五章　心象风光

父亲的佛事

上周五，我回到了枚方老家，因为周六要为父亲做佛事（17 周年忌辰）。

17 年前的 5 月 17 日，心肌梗死使我父亲 68 年的生命就此画上了句号。当时，我正在东京出席通商产业省①的会议。开会时，通商产

① 通商产业省：日本经济产业省的旧称。——译者注

业省的人突然告诉我说“有您的电话”。拿起电话后，我才得知父亲被救护车送到了医院。刹那间，我的脑海一片空白。我立刻乘坐新干线，赶往枚方。途中，我坐立难安，一直站在车厢连接处，呆望着车窗外不断飞逝的风景。小时候令我害怕不已的严厉的父亲，开始做茑屋书店时专门赶来看望我的可亲的父亲……各种各样的父亲面庞，如同走马灯一般，闪现在我的脑海中，我泪流不止。凌乱之中，我开始担心，家人们应付得过来吗？母亲还好吗？医院那边安排妥当了吗？……

我站在新干线的列车上，想着此时此刻自己居然什么忙也帮不上，不禁懊恼不已，愈发泪如雨下（写到这里，我又哭了）。

父亲的葬礼在当地的枚方会馆举行，大批 CCC 员工前来帮我。以茑屋书店的加盟公司人员为主的吊唁来宾超过了 1000 人，据说这是枚方会馆建馆以来人数最多的一次仪式，我不由得感到了些许自豪。

上周末，我就这样一边回忆着 17 年前的情景，一边回到了家乡枚方。从做佛事当天的上午 11 点开始，家人、亲戚（有父亲家族的，有母亲家族的，等等）陆续抵达，一共来了 20 多人，大家好久没像这样团聚过了。

从很久以前开始，我便常常想，“做佛事”这一日本的传统习俗真的很好。在日本，亲人去世后，有灵前守夜、葬礼、头七、七七、周年祭、三周年祭、七周年祭、十三周年祭，还有类似这次的十七周年祭等悼念故人的传统习俗。在我母亲家，不单是忌日，盂兰盆节和正月时，家里的亲戚也一定会回到老家，祭奠亲人。

父亲家则属于不太注重传统的“自由派”，只随意而聚。不管怎样，我认为像佛事、结婚仪式之类的日本传统习俗，都是有助于血脉

相连的家人、亲戚增进往来、友好相处的好方法。若没有这些习惯，亲戚相聚的机会便会减少，人与人之间的关系自然也会变得疏远。

我从小便是在与叔叔舅舅、姑姑姨妈等家人频繁往来的家庭中长大的，自然而然地目睹着他们的各色人生，暗自琢磨着各种活法，时而想着“我也要那样活”，时而想着“我不要这样活”。如今，我也已经56岁了，常常想着，若在外甥外甥女、侄子侄女眼中，我也能为他们的人生路提供某种参考，那该多好。因此，我会刻意地多制造一些与他们相处的机会，因为，这是56岁的我必须承担的责任。

2007年5月××日

日贩与 CCC

早上8点半开始的茑屋书店例会结束后，我参加了10点至12点的CCC经营会议。在今天的经营会议上，我们不但做了几项重要决定，还就“CCC（母公司）的愿景”进行了富有成效的探讨，即就“上市控股公司”与“以成为全世界最好的企划公司为目标的控股公司”的愿景进行了讨论。

后来，我与业务推广办公室、董事长办公室的成员一边闲聊一边吃午饭，还就MKS集团的未来进行了一番头脑风暴。

下午2点，我以日贩董事的身份出席了日贩在水道桥的东京圆顶饭店举行的座谈会（类似茑屋业主会议）。会上，古屋董事长首先发表了致辞。随后，相关负责人分别就日贩的物流战略“王子NEXT”及与书店合作的CRM（客户关系管理）系统“Honya Club”进行了介绍。

出席者中，有日本知名书店的董事长（茑屋书店的加盟公司代表也来了很多）、日本知名出版社的董事长等。会上，日贩还与诸位来宾谈了日贩的中期战略。中场休息后，伊藤忠商事株式会社前任董事长丹羽先生作为特别来宾发言，随后进入座谈会环节，整个流程和茑屋业主会议基本一致。

日贩公司与CCC的来往历史悠久，在CCC刚刚统一店名为“茑屋”的十几年前，也就是店铺总数还不到100家的时候，在关西地区，CCC参与的一家新店与日贩独营的一家新店几乎在同一时间，又门对门的位置开业了。不过，CCC参与的那家店铺生意好得不行，顾客络绎不绝，而日贩那家书店的租借区域几乎没有任何顾客光顾。

看到此状况后，时任日贩商品开发部部长的鹤田先生心生疑问，为了弄清“这背后到底是一家什么样的公司”，他联系到了我。我独自

一人，来到了当时日贩商品开发部所在的水道桥地区。在那里，我们聊了关于书店的未来发展（变为多种形式）、茑屋书店（生活提案）目前的经营理念、CCC 的目标是成为一家企划公司之类的话题。了解了我的想法后，鹤田先生立刻对我说："和日贩一起干吧！"

第二天，我们又在御茶水的 Renoir 咖啡厅见了面。当时，鹤田先生拿来了一份他用铅笔写在广告页背面的业务合作协议草稿。上面写着"第一条……"等。可是，协议只写到了广告页的一半，鹤田先生对我说："剩下的部分就交给你了。"于是，我拟完了合同，并让村井用当时极其少见的打字机打了出来。这份合作协议，便是日贩与 CCC

业务合作的起点，那时，正好是距今整整 20 年的 1986 年。

我们的理念是，在向信息共享型社会发展的过程中，媒体已不仅仅是书，我们将进入以数字媒体为主的新时代时，提供给顾客的方式也不再局限于单纯的销售，而会转型为更为多样的租赁、二手转卖等。也就是说，在即将形成的更加轻松、便捷（convenience）地享受文化（culture）这一新市场的时代，CCC 将为茑屋书店这一平台提供企划与支持系统，日贩则负责提供基础的物流与财务支持。以上，便是我们当时达成的基本约定。在多数企业更愿意吃独食的情况下，多亏鹤田先生努力说服了日贩公司内部人员，这一合作协议才得以达成，才有了今天的 CCC。去年，日贩公司成功持有了 CCC 旗下物流公司 NSS 的 51% 的股份，虽然过程有些曲折，但总算实现了我们当初的约定。

在与日贩公司的关系中，我最为重视的是基本的签约理念与人际关系。成功签约后，鹤田先生给我介绍了所有重要管理岗位的人选。而对于最为重要的店铺一线，他与我亲赴现场（全日本一半以上分店）进行说明。下班后，我们把店铺的相关工作人员召集到分店的食堂或仓库，让他们准备好黑板。因为没有麦克风，所以我卷起衣袖，一边用粉笔写，一边提高嗓门，就今后的社会会发生怎样的变化、书店又将在其中扮演怎样的角色、在此过程中 CCC 能做什么、需要日贩做什么等内容反复讲了好多遍，尽最大努力为 CCC 吸引更多的追随者。

此外，鹤田先生着眼于未来，精心打造了一场由商品开发部初期团队成员（多为略微怪异的鲁莽之人）与 CCC 领导层共同参加的联合集训，成功实现了传说中的“练马集训”。当时的参与成员之一是 MPD 的吉川董事长。

我首次在日贩公司的活动上发表讲话，是在 20 年前的日贩座谈会上，如今，我已以日贩董事的名义出席这一座谈会。当时，我的演讲内容是，CCC 要在“录像带＝成人”的年代，实现“录像带即书”，打造一座“没有书的纪伊国屋书店”。

因为昨晚宿醉，所以今天我打算早些回家，解解乏。明天，出席完 IMJ、北村两家公司的董事会后，还要于傍晚在宾馆接待 T 积分业务合作候选企业的董事长，与北村先生一起进行公司介绍。

2007 年 5 月 ×× 日

父亲节的夜晚

今天早起便一嘴大蒜味！

昨天（周日）晚上，我和儿子一起在家附近的烤肉店“叙叙苑”吃了晚饭。可能是枚方的家人给儿子下达了任务，儿子特意买来了可苦可乐[①]的CD（考虑到我的感受，专门在茑屋书店买的）和乐谱，作

① 可苦可乐：日本著名流行音乐组合，由小渊健太郎与黑田俊介于1998年成立。——编者注

为父亲节礼物送给了我。

最近，我在苹果随身播放器中下载了唱卡拉 OK 用的歌曲，以便在晚上出席完宴会后步行回家的路上，或是在家里锻炼身体时，一边听一边练习唱歌。考虑到今年暑假去夏威夷时大家肯定会让我唱歌，为了做好准备，我下载了阵内智则在婚礼上为藤原纪香[①]弹唱的那曲可苦可乐的《永远在一起》，还准备让儿子给我下载新曲《樱花》。

我的儿子正好是在茑屋书店刚起步的 1983 年出生的。而他的姐姐，也就是我的大女儿，则比他早一年半出生。不管是哪一个，都出生在我刚刚辞职下海经商之时，所以他们儿时所过的生活并不富裕。当时，我正在拼命偿还开展茑屋书店业务初期所欠下的债务，因为我一向尊敬的舅舅常常教导我说“债务易使人说谎”，所以当时的我想要尽快还上所有借款。可是，第一家店成功后，我们出现了竞争对手，为了与之对抗，我再次向银行贷款。虽然公司实现了赢利，但是为了发展，贷款金额反而越来越多。

在如此繁忙的创业生活中，我根本没有精力照顾孩子。去新潟出差时，顶级文化（TOP CULTURE）株式会社的清水董事长曾告诉我这样一句格言——“治得一家者，治天下”。

如今，对于我喜欢的人，我依然会将这句话写在彩纸上送给他。它的意思是，若想让家人过得幸福，“钱”是必需的，为了实现这一点，独立创业时，就必须使事业获得成功（失败的话，家人就要流浪于街头了）。另一方面，事业的成功离不开家人的支持。若总是为家人的事

① 阵内智则、藤原纪香均为日本演员，二人于 2006 年结婚，后离婚。——编者注

情担忧，是无法安心工作的。所以，如果实现不了家庭的幸福，事业是无法成功的。

正因为如此，我在努力实现事业成功的同时，还会以同样的努力使家人过得安心。比起陪伴孩子，我会花更多的时间在工作上，所以对孩子的关爱主要由妻子负责，我则主要负责为家庭挣钱，不让家人为钱发愁，然后像我的父亲那样，在一些重要时机，给孩子们制造一些难忘的回忆。

父亲不但给我买了我从小就渴望拥有的旱冰鞋，还不顾母亲的反对，悄悄给我买了玩具手枪。(给我买玩具枪可能是母亲？)念高中时，父亲送给我一套立体声音响。读大学时，虽然家里的经济条件并不富裕，但父亲为了庆祝我拿下驾照，自掏腰包送了我一辆汽车（丰田的Corolla Sprinter）。我超级喜欢这样的父亲。

自打我懂事起，无论我与父亲商量什么，或是要求什么，他的回答不是“哦”就是“嗯”。也就是说，我有一个在任何情况下，都不会对儿子的要求说“不”的父亲。无论是因工作而搬家至东京时、结婚时、辞职时，还是筹建茑屋书店时、创建公司时、借钱时，父亲皆是如此。所以，我才拥有了一个凡事都必须独立思考、自己做主的人生。

我亲爱的父亲在他68岁时离开了我们，今年已过完了17周年忌辰，而我，也已经56岁了。到了这把年纪，再回想起老父亲时，愈发深深地感觉到，没有那样的父亲，就没有此时此刻的自己。

为了给自己的孩子也留下一些难忘的回忆，我尽可能多地参加孩子们的运动会，出席父亲参观日。可是，当我在父亲参观日去幼儿园看女儿时，女儿居然没有立刻发现我，这让我着实捏了一把冷汗。

今天一早便是董事会，下午还有T积分卡的经营会议与营销会议。之后，我还要出席自己担任外部董事的某上市公司在银座召开的董事会。晚上，还要按照惯例与公司外的经营专家在惠比寿共进晚餐。

2007年6月××日

铃木会长的来信

今天早上8点半开始的木村·日下例会后，是CCC集团的经营管理会议。吃午饭时，我又与管理团队进行了一番头脑风暴。

下午，我参加了在东京中城举行的例会。报告显示，在CCC集团员工的协助下，深泽店的销售额创下了自开业以来的新纪录，达到去年同期的236%，店铺收益也达到了历史新高。

前些天，我收到了铃屋株式会社老板铃木先生亲笔书写的一封来信。令我感到荣幸的是，这是一封邀请信，他在信中写道："许久未见，可否见面一起吃顿饭。"

我刚进入铃屋时，第一次有机会和高高在上的铃木老板说话，是在轻井泽的Bell Commons购物中心刚刚开业的时候。当时为了庆祝Bell Commons的成功开业并犒劳我们，铃木老板在旧轻井泽的西餐厅请我们吃了牛排。回想当时，我依然记得，在过于紧张的情绪和Bell Commons项目的繁重工作，以及从未喝过的昂贵红酒的综合作用下，我突然被睡魔侵袭，居然在老板面前睡着了。

铃木老板在来信中说，如今他已82岁，因为从认识我的财界朋友口中听到了我的消息，所以才联络了我。

对我而言，在铃屋的工作经验培养了今天的我，所以对铃木老板，我满怀感激，为了表达这份谢意，我特别想在代官山的旅馆中招待他老人家，而且我非常享受为此事做准备的过程。招待当天，我不但会向他介绍CCC的概况，还打算在办公室向他介绍几位曾在铃屋工作过的员工。

虽然，我今年只有56岁，但是，与铃木老板的见面将成为我冷静回顾23至32岁这整整10年间在铃屋的工作经历的好机会。所以，

如果时间合适的话，我想让儿子、人才战略公司株式会社 CCC Casting 的负责人，以及本周负责为我拎包的 NEO 的菅沼一同出席这次会面。因为这是一次私人聚会。

2007 年 9 月 ×× 日

“学习力”与轻井泽 Bell Commons

我认为，每个人都有几段对自己的人生具有决定性作用的经历。对我而言，大学毕业后初次步入社会时，在如今依然坐落在轻井泽老街道中心位置的商业设施“轻井泽 Bell Commons”的一番工作经历，便是如此。

当时，我作为新职员进入铃屋公司，被分配到为开发新项目而新组建的“开发事业部”。我在青山 Bell Commons 项目工作时，轻井泽店的老板（业主）来到铃屋，委托铃屋对如今 Bell Commons 所在的地段进行重新开发，于是，身为新入司职员的我被董事任命为该项目的负责人，然后，我去见了这位业主。

位于轻井泽银座核心地段的业主家宅已被拆除，紧邻天皇陛下邂逅美智子皇后的轻井泽网球场的项目非常漂亮，于是铃屋公司立刻启动了重新开发计划，我则被任命为该项目的企划负责人。

第二年，两名新入司职员被分配到了开发事业部，成了我的部下，项目团队由 1 人变成了 3 人，进一步壮大。其中一人，便是今天带着令人怀念的轻井泽项目企划书来找我的殿村。

因为当时没有打字机，所以企划书都是手写的。看着 30 年前自己亲手书写的企划书，我不禁一时语塞。

此外，殿村还捎来了轻井泽业主先生的口信：“好久不见了，想见见增田。”听罢，我很是高兴。

前几天，我与某公司董事长见面时，曾向其请教业务负责人的任命方法，他的选择标准是“学习力”。

“学习力”指的不是学历，而是“学习的能力”，我认为上周刚刚获胜的女子高尔夫球选手上田桃子身上就很好地体现了这一点。上田桃子虽已位列奖金榜之首，但是在推杆不进的时候，会主动向擅长推杆的美国选手请教，比赛失利后，会立刻虚心接受前辈冈本绫子的指导。即使身为第一，却依然保持虚心学习的姿态，我想，这便是那位董事长所说的“学习力”。

从这个角度来说，回想刚入司工作两年的我与两位毫无经验的新职员一起打造出轻井泽 Bell Commons 的整个过程，在细细回味种种不易之余，不禁感叹，或许我们也具备了“学习力”啊！

2007 年 11 月 ×× 日

母亲的葬礼

12 月 7 日晚 8 点 10 分，母亲离世了。

因为母亲曾担任 CCC 集团的监事，所以在母亲辞去这一职位以后，员工们依然亲切地称呼母亲为“监事”。

9 日（周五）的守夜，10 日（周六）的告别仪式，所有的一切都是按照私人葬礼的方式举办的，但是，还是来了许多送别母亲的朋友。

因为是母亲的葬礼，所以我们拒绝了一切奠仪、唁电。考虑到母亲生前喜爱鲜花，我们决定只接受供花，谁知会场上收到了 700 多束鲜花，成了一片花的海洋。

我想，母亲一定会为此感到高兴吧！

虽说是我母亲的葬礼，但是公司里认识母亲的人比较多，考虑到供花的数量及百忙之中远道而来的宾客，我想还是不要使葬礼的时间过长为妙。

虽然我本打算让认识母亲的员工、邻居也朗读几篇悼词，但是因为时间关系，整个告别仪式仅由代表上香、朗读唁电（几封，虽然已经事先拒绝，但还是收到了很多唁电），以及我的致辞这几个简单环节组成。

以下是我当天致辞的原稿。

今天，是我亲爱的母亲增田富美的葬礼。感谢各位亲朋好友于百忙之中前来出席。我谨代表家属，向各位表示由衷的感谢。

我的母亲，于本月7日晚8点10分与世长辞，享年86岁。

正如大家所知，我的母亲是一位乐观、坚强的女性。当天，母亲和往常一样，于晚8点进入浴室洗澡。从浴盆泡完澡后，起身刷牙。刷牙时，母亲的蛛网膜下腔突然出血，然后倒在了浴室的地板上。

因为母亲的颈动脉本来就长有动脉瘤，可能是因为这一原因，当10分钟后救护车赶到时，母亲的呼吸与心跳都已经停止了。虽然医生在救护车中及医院抢救室对母亲实施了抢救，但最终还是没能挽回母亲的生命。

第二天，负责验尸的医生告诉我们，母亲的死亡时间是8点10分，由此推断，母亲在生命的最后一刻应该没有感受到多大的痛苦。

我认为，以这种不给别人添麻烦，不让别人看到自己难看模样的方式离去，很符合我母亲的一贯风格。

我的母亲于大正十三年[①]8月7日出生在寝屋川市仁和寺的一户姓“樋口”的家庭中，她是家中6个兄弟姐妹中的长女，昭和二十一年[②]12月8日，母亲与增田家的二儿子，也就是我的父亲

① 大正十三年：公元1924年。——译者注

② 昭和二十一年：公元1946年。——译者注

结婚，改姓“增田”。

本想只做好二儿媳妇的母亲，因为家中的变故，嫁进门没多久便成了从事土木工程业的增田组、从事房产业的增田家族的本家媳妇。

这座枚方会馆，正是我的父亲于19年前的平成三年[①]5月17日在众位亲朋好友的护送下，驾鹤西去的地方。

父亲去世时，我坐在由东京赶往医院的新干线中暗自想：“没有了父亲，我还能够继续工作下去吗？”

之所以会这么想，是因为父亲继承家业时，整个家族的经济情况并不算好，谈不上擅长经商的父亲咬牙接手了家业，与母亲一起，想尽各种办法赚钱。看到他们疲惫的身影，我便暗下决心，一定要努力工作，不让父亲如此操劳。可是，父亲不在了，我一切的动力源泉也瞬间消失了。

可是，一位朋友却提醒我说，失去爱人的母亲一定比我更难受，因为她失去了支柱。

当时，我便下定决心，一定要让母亲有活下去的动力，于是我故意让母亲为我的事担心，让她来东京的公司参加会议，让她对公司的工作感兴趣。

后来，母亲自己买了手机，学会了发短信。前几天，她还用手机给我发了一张家里庭院中的红叶的照片。

最近，她还自己买了iPad（苹果平板电脑），想给照片加上音

① 平成三年：公元1991年。——译者注

乐发给我看，真是一位当之无愧的“IT 大妈”。

几年前，我拜托我的私人健身教练监督母亲每周运动。去世当天，她还在准备第二天去夏威夷，为参加火奴鲁鲁马拉松大赛的家人加油打气。当时，她把行李箱拿到了自己的房间，正在收拾行李。

虽然母亲年轻时吃了很多苦，但是在家人的陪伴与关爱下，我想她度过了一个幸福的晚年。

母亲的身上，总是洋溢着一股信任的力量。

我开始创业后，经历了许多次失败。其中，卫星广播事业的失败甚至让我一度对自己的人生失去了信心。

有人告诉我说，失败的原因是“你这个人过于善良了”。过于善良，会让你毫无保留地陷入对方的圈套之中。

在此之前，我一直认为不被客户支持的公司是不存在的，所以我拼命追求对顾客、客户有价值的东西。可是，当我得知自己一直以来的坚持根本不适用于这个世界时，愕然之余，我也迷失了自己。

可是，母亲不但没有指责我一句，还认可了我的做法，默默地鼓励着我。她亲身教育我，信任他人，是多么重要。

不仅是家人，对于周围的所有人，母亲始终保持着认可与鼓励的态度。为了获得母亲更多的认可，我愈发努力。

就是这样一位母亲，将在今天去往另一个世界。在众多亲朋好友陪伴下离开的母亲，一定非常幸福。衷心感谢大家。

希望大家能够一如既往地与留在这个世界上的家人们交际来

往，我谨代表家属献上致辞。

衷心感谢大家多年来对我母亲的厚爱。

告别仪式顺利结束，在大家的护送下，母亲驾鹤西去了。

如今，我正坐在开往东京的新干线上写这篇博客。

我在想，母亲亲身教导我的，或是想对我说的话，究竟是什么呢？

不管答案为何，至少母亲是不希望我闷闷不乐，不希望我应付工作的。所以，我要从明天开始，从努力工作开始，再一次开启自己的崭新人生！

2010 年 12 月 ×× 日

绝望与希望

最近从事CCC的设计工作时，我经常会有这种感觉——会议常常开不下去，很容易陷入绝望的情绪之中，就好比此时此刻。既没有可以参考的案例，我们也从来没有做过，但最终还必须拿出一份既能挣到钱又能卖给顾客的设计。

身为企划公司，我也想企划出既像代官山一样充满魅力，又能挣得盆满钵满的空间。

我不想让擅长设计的人来设计，而想让那些年轻、有干劲的“不擅长之人”设计，因为我想培养人才。由于想法太多，所以我常常碰壁。若只是碰碰壁倒也还好，可是现实带来的却是浪费时间、浪费金

钱，失去外界对我们的信任，感到愤怒、失落，等等。

有期限的工作，大多难以仅靠努力来解决，所以容易使人陷入绝望。

最近的每一天，漆黑一片、忧郁无比、无计可施的局面常常逼迫着我。

可是与此同时，在我慢跑至二子玉川的途中，会慢慢想出些许解决问题的方法，还会从意想不到的人那里获得一些意想不到的解决方案。由此，我不禁觉得，或许事情并没有我想象中的那么糟糕。

希望这个东西，或许只有伫立在绝望深渊的人才能够看到。身处无忧无虑的生活之中，不愿挑战力所不能及之事的人，怎会看得见希望呢?

挑战从未做过的事情，打造真正能赚钱的业务，与此同时，还要培养出人才，正是因为面临这样的难题，我才能够于黑暗中看到希望之光。

希望的大小，原来是与绝望的大小成正比的。

从这个意义上说，其实，最近的每一天我的生活都充满希望。

2014 年 5 月 ×× 日

忙碌

最近，我在电视广告上看到了一则柏拉图的格言：“要善待他人，因为你遇见的每个人都在艰辛地拼搏。”

以前，曾有人教导过我同样的道理。

“忙”这个字，写为“亡心”。

没有精力、没有心情思考他人的事情，就叫作“忙”。

当我们强迫自己，拼命地去做自己从未做过的事情时，会觉得周围的人仿佛都在嬉戏，不禁会想，他们在干什么呢！说话的语气也会因此变得不耐烦。

年轻时的我，在毫无经验、一无所知的情况下，拼命地建成了轻井泽 Bell Commons 这一商业项目。也就是说，一个毫无经验的 26 岁小伙子明明做不到，却硬是要完成一项颇有难度的工作，即使满腔热情，也依然力所不能及。当他得知这项工作的重要性后，更是不禁感

到畏惧、消沉。但他还是重新打起精神，继续努力，如此反复。后来，这变成了一种精神压力，渴望获得他人认可的愿望也变得越来越强烈。

年轻时，当我们得不到家人、朋友的理解时，常常容易感情用事。后来，随着经验的积累，我们渐渐丢掉了那份幼稚的娇气。可是，拥有一份为周围人着想的从容，对于年过 63 岁的我来说，依然不易。所以，越是忙碌，越觉得柏拉图说的那句“要善待他人”很有道理。

我感觉自己好像抓住了一株救命稻草，就在今天，就在此时此刻。

2014 年 6 月 ×× 日

不适感的意义

“请重视不适感吧！”

这是前几天，一位建筑师在某项目的建筑设计大赛上发表演讲时说的一句话。

新款汽车的设计，大多看起来有些奇怪。

用惯翻盖手机的人，总觉得智能手机不太好用。

装有发动机的自行车跑起来总觉得有些别扭。

刚出现美甲沙龙时，人们也觉得不习惯。

总而言之，所谓不适感，就是对超出自己认知范围的物品、事物所产生的感觉。也就是说，人们容易对新事物产生不适感。

从另一个角度来说，没有不适感的生活、工作，或许就意味着没有进步。

成功的企业，虽然一开始未必会得到社会的认可，但过一段时间后，会渐渐地被人们接受，然后人们渐渐抹去不适感，企业得以在社会中生存下来。相反，如果该企业的人想办法避开了这种不适感，那么，进步也会随之终止。

正因为如此，那位建筑师才对已经取得成功的客户，由衷地说了一句“请重视不适感吧”。

在代官山打造茑屋书店时，我每一天都遭受着被迫抛弃固有观念的不适感的侵袭——难以理解，无从安排。如今想来，恰恰是因为如此，我们才打造出了令顾客满意的好东西。如果因为出现不适感就设法避开，那么是无法实现顾客价值的。

从这个意义上来说，所谓做企划，或许就是接受不适感的过程。越是拼命去理解自己明白的事情，越是浪费时间，越做不出好东西。

我想，用人也同样如此。如果团队中净是一些与自己有同样想法的人，那么必定是干不出漂亮活儿的。

如今，在企划二子玉川项目的过程中，我又遭到了不适感的侵袭。

不过，我非常享受这不断抹去不适感的每一天。

2014 年 8 月 ×× 日

媒介即信息

马歇尔·麦克卢汉认为，在向他人传达信息时，“媒介”本身便已成为信息。我认为，在媒介多样化发展的今天，这一观点体现得愈发淋漓尽致。

马歇尔·麦克卢汉当时是以相同信息通过不同媒介传播为例来说明的，他举了通过报纸传播和通过电视传播的例子。

比如，“请务必珍视人生、珍视时间”这句话，从我口中说出，与从另一个人口中说出的传达效果肯定是不一样的。

再比如，“我们会把客户的事情放在首位”这句话，从持有A公司名片的人口中说出，与从持有CCC名片的人口中说出的效果也肯定是不一样的。

也就是说，我们已经进入了人、公司这些主体的存在本身就是一种媒介且包含了一定信息的时代。

从这个意义上来说，无论对于个人还是公司，我们每天的各种行为，以及与社会之间的各种关系都是非常重要的。

媒介即信息。

不知“增田”这一媒介所发出的信息会是什么样的呢？

2014年8月××日

神灵赋予的创造力

早上起床后，各种事情如巨石一般，沉沉地压在我的脑子里。

真是一个令人郁闷的早晨。

我一边暗自琢磨，为何会如此不开心呢，一边注视着从窗外射入的亮光。

到底是为什么呢？我继续思考。

因为挑战的净是一些自己不会的事情，所以才不会轻而易举地按照自己的想法推进？

如果只是一两件事，我也不至于如此。可是当类似的情况一而再，再而三地发生时，我就真的有些吃不消了。

这让我想起了为筹备代官山项目而召开企划会议时的情景。

目标定得很高，却找不到达成目标的方案。于是，会议上出现了沉默、争执，然后再沉默。一种无所适从的气氛笼罩着我们。

可是，就在这样一种摸着石头过河的状态下，经过各个程序后，店铺也在摸着石头过河的状态下开业了。后来，员工不断在实践中积累经验，结识新的朋友，虚心听取顾客的意见，于是，才有了今天的代官山店。

总而言之，挑战己所不擅之事，通常都是这样的结局。

今年 12 月，湘南第二家 T-SITE 即将开业。

上周，我们推出了网络版的新 T-SITE。

明明没有做任何宣传，用户量却大大超出了我们的预期，而且大家都急切盼望着 11 月的应用程序的发布。

还有明年春天，新颖的生活提案型电器店将在二子玉川开业。

此外，在大阪车站，我们也将迎来面积超过 3300 平方米的茑屋书店的开业。

和筹划代官山店时一样，我们遇到的净是一些折磨人的会议，也处处碰壁。然后，迎来令人郁闷的早晨。

可是，正是这一郁闷感，这一走投无路的绝望感，成了引领我们寻找新光明的动力源泉。我仿佛从努力挑战困难的人们的脸上，看到了耶稣、马利亚的影子。

最近，我愈发强烈地感觉到，神灵赋予人们的创造力只有在历经苦难以后才会开出美丽的花朵。

所以，让我的生活中，再多一些令人郁闷的事情吧！

像快乐，亦像忧伤……

2014 年 10 月 ×× 日

重要之物

今天，无人不知的某广播电台的董事长来到了我们公司，大家一起讨论音乐商业的未来。

30 年前，音乐没有走进人们的日常生活时，为了让更多的人享受到音乐的乐趣，我开创了茑屋书店。因为我认为音乐人创作的歌曲中流淌着他们的活法，而顾客也在寻找那样的活法。

30 年前，人们听音乐用的是黑胶唱片。一张黑胶唱片平均收录了 10 首歌曲，需要买来听。歌曲的顺序，也都是歌手自己安排的。

后来有了随身听，歌迷们开始按照自己的喜好，制作自己喜欢的磁带来听。所以，当人们想听某个歌手的歌时，不是去唱片店买唱片，

而是希望能按照自己的喜好编辑曲目，然后制作成磁带，于是，唱片租赁店应运而生。我们把这项服务纳入了茑屋书店的业务范围中。

某调查结果显示，喜欢听音乐的人，不容易罹患抑郁症。对于那些为生活苦恼的年轻人而言，音乐仿佛是为他们答疑解惑的老师。可是，当人们长大成熟后，能够独立解决自己的问题时，音乐的价值就相对降低了。也就是说，对年轻人来说，音乐是人生的教科书，对中老年来说，音乐是人生的乐趣，也许还可以预防抑郁症？

不过，与 30 年前不同的是，现在音乐已经是人们日常生活的一部分了。我当时所说的——希望把音乐变成像包菜那样人们每天都能品尝到的东西，这一愿望，如今已经实现。

所以，茑屋书店也不能再局限于包装销售、租赁等条条框框，必须要重新思考出崭新的商业模式，对于这一点，广播电台与我们不谋而合。

这家广播电台曾经挖掘了许多音乐人，并且通过循环播放推荐歌曲，积累了大量歌迷。在此过程中，这家电台慢慢在歌迷们心中形成了它推荐的歌手一般都不错的品牌形象。只要给这家拥有品牌价值的广播电台打声招呼，说想办一场现场演唱会，它很快就能找来歌手并且吸引一大批歌迷。这家广播电台的核心价值，并不在于广播音乐，而在于拥有挑选好音乐的鉴赏力。

茑屋书店是否也培养出了这样一种鉴赏力呢?

因为我们想联手做点什么，所以我们促成了此次面谈。

如今，我们已从售卖包装品的时代，进入了音乐会、互联网的时代。但是我认为，音乐的重要性并未因此发生任何改变。这真是有意义的一次会面。

2014 年 11 月 ×× 日

两场革命

在前几天的新店企划会议上，我们久违地观看了我3年前在代官山店开业早会上的讲话录像。

当时，我讲了“两场革命”。

第一场革命，是店铺不是根据基于过去的成功体验所形成的常识、标准、公司情况打造而成的，而是站在顾客的角度，了解顾客的心情之后，依据顾客想要什么打造而成的。开业后，希望大家能够团结一致，继续站在顾客的角度，把这里打造为被顾客需要的、能够为顾客提供生活方案的店铺。

这场革命也就是开店这一主权由企业方掌控过渡为顾客掌控的革命。

第二场革命，则要追溯到1789年法国大革命爆发之前。当时，法国的一批知识分子、有为之士意识到法国不能再这样下去，于是聚集在巴黎的咖啡馆，孕育了革命的火种。最后，法国大革命成功了。

我希望代官山茑屋书店的Angin咖啡厅也能发挥像法国大革命发源地咖啡馆那样的作用。也就是说，我希望这里能够成为发现日本不足之处的知识分子、创业者、企业家聚集在一起探讨如何改变日本未来、东京街道的地方。

仔细想来，我希望二子玉川的书店和电器店也能成为这样的地方，因为它们不但是提供商品与服务的店铺，还是我们与在代官山相识的人们一起打造而成的店铺。而我认为代官山的 T-SITE 已经充分发挥出了沙龙的作用。

关于二子玉川的茑屋电器店，真希望它也能成为引领科技变革的沙龙。我一边向参观者介绍二子玉川，一边做起了美梦。

2015 年 4 月 ×× 日

想见的人越来越少

创业时，我一边站在唱片租赁店的柜台前工作，一边梦想着自己有朝一日能开上 3000 家店。

在完成代官山 T-SITE 之前，我经常坐在 ASO 餐厅的露台上，绞尽脑汁地思考关于生活提案的问题，思考如何收集我们需要的数据。

后来，我在二子玉川开了一家茑屋电器店，许多人跟我说想要一起合作。

当我回过神来时，身为日本零售业、家电制造业权威代表的某些公司总裁、老板，乃至现任日本国务大臣都已经向我发出了希望见面的邀请。

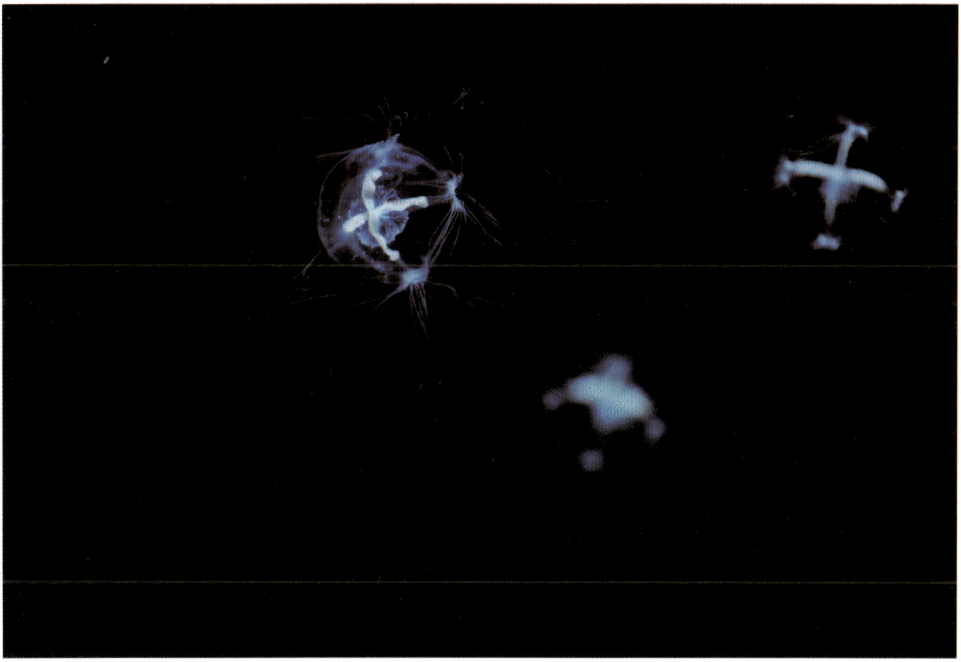

仔细想来，在这32年间，真正一起共事至今的，虽然也有一些因为想见而见到的人，但大部分，竟然都是一些根本没想到会见面的人。

再仔细一想，如今想见的人，正在大幅减少。因为，许多人已经见过了。

我认为，想见的人，是为了实现自己乃至公司梦想而必须要见的人。在实现梦想的过程中，我们真的见到了。

“想见的人”越来越少的人生，总觉得有些伤感。看来，我需要设计一些新梦想了！

当我们想要从日本第一走向世界第一时，必须要见的人已不再是日本人。那么问题来了，是中国人、印度人，还是美国人？

看来，我必须要好好学习英语了。

2015年6月××日

改变人生的一句话

回想起来，我曾多次因为对方说出的一句话而认为“啊，绝不能和这个人一起做事”，也曾因为对方的一句话而心想“我要追随他一辈子”。或许，说那句话的人，并非因为期待某一结果，或是想到会如何如何而故意为之，只是下意识地说出那句话罢了。

让人产生“绝不能与他共事”这样不利想法的一句话，其实体现着那个人的活法与思考方式。也就是说，当我从某一句话了解到，那个人是一个不顾及他人、只考虑自己的人，我就会断定，绝不能和这样的人一起工作。

可是，即使心里清楚不能说那句话，但语言是一种不经意间就会自然流露出来的东西，所以根本无法主观控制。也就是说，重点不在于如何控制自己说什么，而在于如何让自己成为一个值得信赖的人、让他人肯借力的人。自己能否按照这样一种生活方式生活，才是解决这一问题的本质。若是天天考虑如何让自己不失言，人是无法生存下去的。

也正因为如此，人们才会因为某个人的一句话，看穿此人生存之道的本质，从而决定如何与之交往。所以，失言是不存在的。

言表身。无赘言、言而有力之人，一定也是这么活的。

在一个梅雨时节的早晨，我暗自心想，我也必须这样活啊！

2015 年 7 月 ×× 日

俯视的目光

人，常常不自知。

伤害他人的人，往往并不认为自己伤害到了别人。

比如，有这样一件很久以前发生的事情。我的一位朋友生病住院了，考虑到他很喜欢看电影，所以我特意送了他一台电视和一台DVD。当然，送之前我特意去医院看望了他，而且是在了解了病房情况之后才决定送的。可是，后来我才知道，当他想看DVD时，该如何把光盘放入DVD机，用于打开DVD机的遥控器放在哪里，等等，甚至连以前看电影时的感觉，他都已经不记得了。我本来是想基于自己对他的了解，选择合适的礼物送给他，但事实上，他使用起来并没有我想象中的那么愉快。

还有前些天我与客户一起吃饭喝酒时，无意间将自己的一片肉夹给了一位下属。第二天，这位员工居然给我发了一封感谢邮件，说他非常开心。明明只是一片肉而已，却意外地拉近了彼此心灵的距离，对此，我也很开心。

评价，明明应该是对方做出的，可是人们却总喜欢自己做评价。比如，“这是我为他做的”，或是“我只是做了一件小事而已”。

社会中许多人存在许多以俯视姿态看问题的想法。正因为如此，站在对方的角度、站在客户的角度思考问题、打造产品才变得更为重要。

下属的这封邮件，再一次提醒了我。

2015 年 7 月 ×× 日

想法决定行为

这个星期，我也见了许多不同的人。

很多人都喜欢根据“自以为”确定自己的位置，处理自己的工作，就是自以为“这样就可以了”。

不管是多么伟大的人，或是多么年轻的人，都会有不知所措的时候，可是，当他认为“这样就可以了”的时候，便会照着这个标准去做，并以此度过每一天的生活。

这样真的好吗？其实他并不知道。而且一旦产生了这样的想法，便会停止行动。所以，这或许只是给自己找了一个“差不多得了”的借口罢了。

可是，这种肤浅的理由，会在触碰到社会本质，或是遇到比自己水平高的人时，瞬间崩溃消散。所以，为了不体会到那种心情，他们会想办法避免接触比自己水平高、有经验之人，转而与始终对自己的想法持赞同意见的人为伍。

当你见到一位了不起的政治家时，他身上流露出的坚定信念、强大意志，会瞬间击溃自己心里的那份“自以为是”。

对于早已习惯日本常识的我而言，世界的常识无比新鲜，它不断激发我创建新的常识。

今天，当我在茑屋员工誓师大会上听到毫无经验的年轻人说，他如何想尽一切办法为顾客着想，如何认真地打造卖场时，我的心被深深地打动了，且不禁开始思考关于总部工作的理想状态。

我常常为了寻求“挫折”而与人见面，因为我认为挫折才是成长的根基。

这个星期，我确实从许多人的身上品尝到了挫折的滋味。

2016 年 3 月 ×× 日

明天若也是晴天，该多好

我不会忘记帮助过我的人。

我会遵守承诺。

我愿意挑战不会但想做的事情。

我会思考如何才能不被打败。

我考虑问题不复杂。

我向往简单的人生。

明天若也是晴天，该多好！

2016 年 6 月 ×× 日

悲观与乐观

梅雨季期间的晴天虽然很热，但与低气压控制下的阴雨天相比，还是令人舒畅很多。

有人说，如果每天早晨醒来都发现窗外在下雨的话，心情会容易变得忧郁。

其实不然，因为我曾从某人口中听到这样一句格言——悲观是一种情绪，乐观却是一种思路。

这句格言是法国哲学家艾伦说的，也是告诉我这句话的人的生存之道。

我们本就工作在风云变幻的年代，而且公司日益发展的同时，客户企业也在发展壮大，竞争对手也在发展壮大。所以，如果继续按照老步调前进的话，多半会走得很艰难。

想在不断变化的年代实现进一步发展，虽然算不上什么天方夜谭，但难免会遇到一些不如意、始料未及的事情。

回想起来，在开展茑屋书店的特许连锁加盟业务之前，我们采购了价值几亿日元的电脑，曾因每月的租赁费用而险些出现资金周转不灵；当我决定在鲜有行人通行的代官山开一家大型书店时，也曾令身边的人担心不已。可是，因为我“只想这么做”，所以的确没有产生过丝毫悲观的情绪。

我只是按照自己的思路，思考种种事情，比如这样做能否让顾客喜欢来到这里，那样做能否让加盟方满意。每天都在采取措施解决各种问题，这样的生活的确未曾产生悲观情绪，甚至因为一天比一天好，而过得非常开心。

总而言之，有了开拓未来的想法后，就会由此产生计划、故事，从而改变社会，让顾客开心，让合作方成为忠实的粉丝。如果每一天都能积累一些积极的因素，时间长了，就会找不到能让自己悲观的理由。

相反，如果漫不经心地什么都不考虑，就会容易被一些事情左右，从而失去自己的节奏，整天担心要是那样了该怎么办，要是这样了该怎么办，使自己陷入困境。

的确，悲观是一种情绪，乐观却是一种思路，我也这样认为。

到底是乐观地度过一生，还是悲观地度过一生，全由自己的想法决定。所以，我必须积极地活着。

2016 年 7 月 ×× 日

推销的必要条件

我久违地接受了媒体的采访，所讲的内容是，“企划公司做的企划，是超越客户理解范围的”。所以，这些企划不容易被客户理解。不被理解的话，就卖不出去。而能被客户理解的企划，往往没有多大价值。所以，推销企划是一件看似简单实则困难的事情。也正因为如此，创业以来，我一直在摸索推销企划的方法。

我所掌握的推销方法是，首先拿出实际业绩，用数字解释说明，然后发表演讲，激发出客户的购买欲后再做推销，最后想办法获得客户对个人、对公司的信任，从而让他们主动购买。

为了获得客户的信任，我真是什么都做了。如果得不到信任，客户就不愿与我们探讨企划内容，不愿一起解决问题，我们也就无法取得可观的成果。

可是，做了30年的销售工作后，我发现为获得信任而付出努力固然重要，但更重要的，是成为一个值得信任的人。不值得信任、不被人喜欢的话，就很难长时间与同一个人开展业务，也无从努力。

因为认为对某人有好处，因为相信会等到被感谢的那一天，所以，我要努力。

2016年9月××日

发展与膨胀

最近，常常有各种人前来求我办事。今天，我也收到了几份演讲邀请，有来自加盟公司的，还有来自客户的，他们请我务必挤出时间出席。就连明年10月份，也已经有3家公司向我提出了邀请。

在新企划的项目中，各种商品推销已经蜂拥而至，令相关负责人应接不暇。可是，真正能够决定交易的负责人又有几个呢?

我的父亲是一位善良到被人称为“佛陀增田”的老好人。有亲戚委托他担任保证人，他二话不说马上答应。有朋友陷入困境向他借钱，他立刻慷慨解囊。从儿子的角度来看，他确实是一位令我尊敬与喜爱的好父亲，可是与此同时，在父亲当家做主的年代，增田家的家产也确实减少了许多。

这些事情共同说明，具备

合理原因的公司发展是坚实而长久的。可是，明明没有合理依据（原因），却要扩大公司规模，轻易同意第三方委托，则会使公司陷入窘境。

有切实依据的扩大规模是发展，没有切实依据的扩大规模是膨胀。发展是长久的，膨胀却是一时的。

从这个意义上来说，对于超越能力范围的事，即使对方摆出了一副臭脸，也要尽量拒绝。因为如果不这样做的话，反而会给对方制造麻烦。不过，如果拒绝时用错了方法，则会使 CCC 失去拥护者。也就是说，若不能掌握一边拒绝一边积累拥护者的技巧，将无法实现发展。

虽然想做些事情以助个人和企业的发展，但我认为，我们也没必要去做无意义的挑战。

今天早上，我亲笔写了一封回信，郑重地拒绝了某人的请求。

一边写信，我一边回想起了日贩公司鹤田先生曾经对我说的一句话："拒绝也是工作。"

2016 年 9 月 ×× 日

迈进

安排工作的人总是在思考：是否可以安排给这个人？

被安排工作的人总是在思考：我是否可以接受？

总而言之，这种相互考量的关系，在公司中是比较常见的。

被安排工作的人，一旦下决心接受某项工作并勇往直前的话，只要没做什么出格的事情，上司一般都不会要求他停下来。

安排工作的人一旦拿定了主意，并且安排好工作的话，被安排工作的人就会一往无前地工作。

也就是说，无论哪一方做出决定，下定决心向前迈进一步才是关键所在。

只有向前迈进一步，才能改变彼此之间的关系。今天，公司内部究竟会做出多少向前迈进一步的决定呢？

2016 年 10 月 ×× 日

我最近的口头禅

我最近有句口头禅——“差不多就可以了，没必要做得那么完美。”

一位非专业的高尔夫球爱好者，无论费多大劲，打得多完美，也敌不过专业高尔夫球选手的随意一击。

在重视结果的工作中，无论多么拼命，尽可能地做到多么完美，都与客户无关。因为即使提供方没有拼尽全力或是稍有松懈，只要产品有价值，就能得到客户的认可。

也就是说，我认为，问题的关键不在于多么努力，多么追求完美，而在于积累随意一做就能取得好结果的实力。

比起将精力放在一项工作上，我更愿意同时开展不同的项目，通过同时推进不同的事情，使自己掌握把球打得更远的能力。之所以采用这种方式，是因为即使将精力集中在一件事上，或是尽全力做好一件事，也未必就能做好。

随便打一下，球就能飞得很远——这才是我想要掌握的能力。为了具备这种能力，平时的训练很重要。

想要实现某个结果，仅靠努力是没有用的，仅靠一时的努力，也是得不出好结果的。

所以，差不多就可以了！适当为之不也挺好吗?

但是，为了成为一支能够打远球的团队，脚踏实地的努力还是需要的。

2016 年 10 月 ×× 日

应该拥有的自我标尺

20多年前，因为某人的邀请，我加入了一个有点特别的协会，名叫“无名之会”。工作之余，我加入了几个与工作无关的协会，无名之会便是其中之一。

昨晚6点半，许久未见的协会成员在麻布一冲餐厅开始欢聚。

该协会刚成立时，我还非常年轻，大多数人也并不知道CCC，正可谓“无名”。

该协会的其他成员中，有乐天的董事长三木谷先生、未来缔造（Future Architect）的董事长金丸先生、原罗森董事长新浪先生（现任三得利董事长）、H.I.S.的董事长泽田先生、原GAGA董事长藤村先生等，几乎都是一些曾经无名，如今变得非常有名的人。

由此看来，该团体似乎是一个由未来很可能成名的无名年轻人组成的团体。不过成立之初，我们并没有料到会变成这样。也就是说，大家并不是为了出名而聚在一起，而是出于某些相同的价值观、行为准则而聚集在一起。即使许久未见，大家也能立刻重拾创建之初的那份心情，真是不可思议。

从每位成员的角度来看，明明平时彼此都很少见面，可是大家却能够敞开心扉，畅所欲言。此时此刻，当我仔细观察那些曾经无名，如今都功成名就之人的面庞时，才突然发现，原来他们一开始就具备一些不一样的特质。

首先，大家都没有给人一丝不可靠的感觉，都很正直，喜欢用自己的方式说话。

其次，大家都拥有自己的想法、善良之心和追求。

虽然当时大家并没有如今这样的财富、知名度、团队等，但是都拥有一把名为“自我”的标尺。这一标尺，使大家的事业越做越大，资金实力越来越雄厚，获得更多的收益，建立更好的团队，最终获得更好的名声。如此想来，任何人都是有机会的，因为其实一切都取决于自己。

回首往事，无论是我年轻时经历事情，还是工作时思考问题，我都是按照自己的标尺，一边判断什么该做和什么不该做，一边工作的。

当然，有了种种经历，我觉得自己的标尺变得更长、更精细了。

所以，不要光顾着左顾右看，要时不时地仔细观察一下自己的标尺弯曲了没有。久违的无名之会，让我不禁如是自问。

2016 年 11 月 ×× 日